食卓の上のフィロソフィー

Mom's Everyday Recipe

ママたちの日々レシピ

6人のママが作る
簡単だけど手抜きはしない幸せのレシピ。

Produce Aiko Tanaka

Food & Coordinate

Chisato Mitsui　　Sayaka Shingyo　　Ryoko Yanagida
Akina Numata　　Ryoko Nakajima　　Yuri Kato

Produced by AIKO TANAKA
Mom's Everyday Recipe
ママたちの日々レシピ

003 「食卓の上のフィロソフィー」10の提言
005 6人のママたちが食を通して子どもたちに伝えたいこと。

007　file.1　Chisato Mitsui's Recipe
009　三井 知里のライフ＆フードスタイリング　基本の出汁をきちんと。
011　recipe #001　かつお出汁の作り方
012　recipe #002　お出汁の旨みたっぷり、彩り野菜のおひたし
　　　recipe #003　昆布ドレッシングの和風サラダ
013　recipe #004　いりこ出汁の作り方
014　recipe #005　いりこ出汁のカルシウム根菜汁
　　　recipe #006　ひじきご飯
015　recipe #007　かえしの作り方
016　recipe #008　かえしでマリネした香味サーモン
017　recipe #009　ごま味噌の作り方
018　recipe #010　ごま味噌煮麺

019　file.2　Sayaka Shingyo's Recipe
021　眞行 紗弥香のライフ＆フードスタイリング
　　　　　　　　手作り麺で素材の旨みを引き出す。
023　recipe #011　塩麹
024　recipe #012　オーブンでベーコン風焼き豚
025　recipe #013　豆と鶏肉のトマトスープ煮込み
026　recipe #014　塩麹ドレッシング
027　recipe #015　醤油麹
028　recipe #016　醤油麹と味噌の唐揚げ
029　recipe #017　きのこの炊き込みご飯
030　recipe #018　醤油麹焼きおにぎり

031　file.3　Ryoko Yanagida's Recipe
033　柳田 涼子のライフ＆フードスタイリング
　　　　　　　　家族でアウトドア！思いきり遊んで！食べて！
035　recipe #019　にんにくとしょうがたっぷり手羽元煮込み！オーブン仕上げ！
036　recipe #020　玄米ご飯のタコライス
037　recipe #021　干ししいたけと昆布でおいしい
　　　　　　　　栄養たっぷり具沢山なかやくご飯のおにぎり
　　　recipe #022　大豆とちりめんじゃこの玄米おにぎり
　　　　　　　　（圧力鍋で炊いた玄米ご飯）
　　　recipe #023　おかわり続出！圧力鍋で炊いたご飯の塩むすび！
038　recipe #024　ヨーグルト、しょうが、にんにく、スパイスたっぷりで
　　　　　　　　大人から子どもまで喜ぶタンドリーチキン！
　　　recipe #025　オレンジとローズマリーのチキン
039　recipe #026　バジルソースでマリネした海老とホタテのBBQ
040　recipe #027　野菜のミックスピクルス
　　　recipe #028　オリーブオイルを塗ったバゲット
　　　recipe #029　バナナの簡単デザート
041　recipe #030　アレルギーっ子でも安心して食べられる米粉のマフィン
042　recipe #031　作っても作ってもすぐになくなる黒糖ラスク

043　file.4　Akina Numata's Recipe
045　沼田 晃那のライフ＆フードスタイリング
　　　　　　　　2種の万能ソースで作る洋食。
047　recipe #032　基本のホワイトソース
048　recipe #033　チキンクリームシチュー
049　recipe #034　キノコと豆腐のヘルシーグラタン
050　recipe #035　海老とブロッコリーのクリーム春巻き
051　recipe #036　基本のブラウンソース

052　recipe #037　たっぷり野菜のミートソースパスタ
　　　recipe #038　我が家の定番、ブラウンソースハンバーグ
053　recipe #039　ミートパイ

055　file.5　Ryoko Nakajima's Recipe
057　中島 涼子のライフ＆フードスタイリング
　　　　　　　　子どもたちの健やかな未来のために心を込めて料理する。
　　　recipe #040　シナモンロール　〜基本の手ごねパン〜
061　recipe #041　基本の生地でいろいろアレンジ
　　　　　　　　A. ころころシュガーバター
　　　　　　　　B. 山型パンでクリームチーズ＆スモークサーモンのオープンサンド
062　recipe #042　グリル野菜のポタージュ
063　recipe #043　こねないパン
065　recipe #044　手作りグラノーラ
066　recipe #045　ブルーベリーのジャム（いちじくのジャム）
　　　recipe #046　洋梨のコンポート

067　file.6　Emi Masuda's Lifestyle
069　増田 えみのライフ＆フードスタイリング
　　　　　　　　安心な食材を手早く調理する。
070　recipe #047　お漬物のポテトサラダ
071　recipe #048　白身魚のパン粉焼き
072　recipe #049　基本のトマトソース
　　　recipe #050　ツナ缶のトマトピラフ

073　file.7　Yuri Kato's Recipe
075　加藤 友理のライフ＆フードスタイリング
　　　　　　　　季節の香りで食卓をいっぱいに。
077　recipe #051　作り置きメニュー　しっとり茹で鶏
078　recipe #052　しっとり茹で鶏のスープご飯
　　　recipe #053　しっとり茹で鶏とひじきの豆腐粥
079　recipe #054　作り置きメニュー　かぼちゃペースト
080　recipe #055　かぼちゃのペーストでかぼちゃのクリームパスタ
　　　recipe #056　かぼちゃのペーストで白身魚とかぼちゃの離乳食パスタ
081　recipe #057　海老と根菜のグラタン
082　recipe #058　自家製ドレッシング・マヨネーズ
　　　　　　　　自家製マヨネーズ／和風柑橘ドレッシング／
　　　　　　　　具沢山中華ドレッシング／手作りザクザク香味油
083　recipe #059　手作りつくねの野菜たっぷりあったか鍋
084　　　　　　　　手作りつくね／肉味噌・エスニックつけダレ・食べるラー油

085　〜妊娠・出産・育児と食べること〜
087　recipe #060　クロレラミックスジュース
088　recipe #061　クロレラドレッシング
089　recipe #062　クロレラおからケーキ
090　　　　　　　　Farm to Our Table

091　スーパーフード「クロレラ」の秘密
092　01　小さな緑の生命・クロレラ
093　02　クロレラのデトックス力
095　03　妊娠中も、母乳育児もクロレラがサポート
097　04　離乳食・子どもの成長にもクロレラ・パワー

099　Philosophy for our future.
101　リスタクリナリースクールのご紹介

Cooking with Love !!

ここに登場する若いママたちは、私の「リスタクリナリースクール」の卒業生や、
私の料理アシスタントを務めてくれた人たち、
この本の撮影を担当していただいたカメラマンなど、
私と長年のお付き合いをしてきた大切なカンパニーです。
学校を卒業し、20代半ばを過ぎると、誰しも次なる自分の人生展開、
言わば「ライフシフト」について考え始めます。
それぞれに想いも深く、夢と希望と不安を織り交ぜて、
それでもなお「お料理をしたい!」という心から沸き起こる願いを抱えて、
私のリスタクリナリースクールの門を叩いた人たちです。
その中には最初からチャキチャキ料理ができるタイプの人はむしろ少なく、
料理の経験が浅い人、不器用な人もいて、
真剣に家庭料理に一から取り組まなければならず、悪戦苦闘しながら、
共に笑ったり、涙したりの毎日。
それぞれに思い出がいっぱい詰まっています。
彼女たちはそれぞれ良いご縁に恵まれ、今では若いお母さんです。
その溢れる笑顔から幸せな暮らしが見えます。
私がずっと願っている「食卓の上のフィロソフィー」の理念の広がりを、
彼女たちはさりげなくその暮らしの中で普通に実践しています。
その姿に私は感動し、誇りに思っています。
この本では、そんな彼女たちの飾らない普段のライフスタイルとレシピをご紹介。
毎日のお料理や、子育て、家事やお仕事など、忙しく過ごす現代の女性の方々に、
少しでもお役に立てば幸せです。

田中 愛子

Philosophy on our Table
食卓の上のフィロソフィー

[食卓の上のフィロソフィー 10の提言]

ここに掲げた10の提言は
次の時代を担う子どもたちや地球の未来のために
今、私たちが実践できること。
家庭の食卓での小さな積み重ねが健やかな人を育て
やがてそれは社会を形づくり、世界へと広がって
豊かな未来を紡いでいきます。

1
毎日、心をこめて
お料理をしましょう。
Cook thoughtfully every day.

家族や大切な人が喜ぶ顔を思い浮かべながら作る料理には美味しい魔法がかかります。たとえ一人暮らしでも、めんどうがらずに自分の体と心が喜ぶおいしい料理を、自分へのご褒美として作ってあげましょう。

4
食卓の器や
キッチンの道具は、
それ自体がアート。
**Setting the table is an art form.
Every dish and utensil plays a part.**

テーブルの上の器や箸、フォークにスプーン。包丁やなべ、お玉などのキッチンの道具。職人が丹精込めて作った食の道具は、暮らしの中の小さなアートです。

3
人と語りあい、
笑いあえる食卓を
人生の宝物に。
**Treasure mealtime conversation
with smile and a peaceful mind.**

心を込めて作った料理をみんなで囲めば、自然と楽しい会話が生まれます。食卓での時間は何物にも代えられない大切な人生の瞬間です。

2
ハーブや野菜を育て、
土の恵みに
感謝しましょう。
**Plants a garden.
Appreciate all foods from the soil.**

自分の手でハーブや野菜を種や苗から育ててみましょう。命を育む喜びを知れば、植物の命をいただくことへの感謝の気持ちが芽生えます。

7
食卓のマナーを守り、
美しく食べる
習慣を大切に。
Dine with respect for manners.

食卓のマナーは、食材や料理に感謝して美しくいただき、みんなで楽しい時間を過ごすための約束ごと。世界各国のマナーを学ぶことは、その国の食文化を知ることでもあります。

6
ひとつひとつの食材には、
世界の歴史と
文化が詰まっています。
Dining tables can display
world history and food culture.

醤油に味噌、バターにチーズ、パスタに生ハム…世界の様々な食材には、長い時をかけて育まれたその国の文化と歴史と風土が詰まっています。

5
どんなレシピにも、
知恵と愛情が
詰まっています。
Even new recipes can benefit
from the love and wisdom
of your cooking heritage.

3分でできるカンタンなお惣菜でも、1日がかりで煮込む料理も。どんなレシピにも、それが生まれた理由や歴史があり、食べる人を想う作り手の心が込められています。

10
すこやかな地球の
未来のために、
毎日の食卓から小さな革命を。
Healthy dining creates better men and women
for a sustainable world.

2000年以上にわたり、豊かな自然の中で先人たちが育んできた日本の食文化。地域の個性と多彩な味覚にあふれた日本の食とその背景にある文化は今や、失われつつあります。世界の食の問題を見据えつつも、独自の文化を守り、次の世代へと繋げていくために、日々の食卓の上から小さな革命を起こしましょう。

9
「すこやかでおいしい食」は、
人格を育て、
持続可能な未来を築きます。
Healthy dining is the best nutrition
for children's future.

私たちの体は、日々の食べ物によって作られています。心を込めて作られたおいしい料理をバランス良く、規則正しく食べる人は、心も体も健康になります。そんな人々が発するポジティブなエネルギーによって、社会の未来は作られていくのです。

8
世界中で起きている
「現実」と「真実」にも
目を向けましょう。
Let's pay more attention to reality
and the truth happening in the world.

今、世界の途上国では80億もの人々が飢えに苦しんでいて、そのうちのほとんどが幼い子どもたちです。その一方で、日本は年間 5500万トンの食糧を輸入しながらも、その多くが家庭から廃棄されていると言われています。その事実を聞いて、皆さんは何を考えますか？

6人のママたちが
食を通して子どもたちに伝えたいこと
そして"私らしいライフスタイル"がいっぱい詰まった
「日々レシピ」をご紹介します。

外で遊んで食べて、大きくなあれ！
Ryoko Yanagida
柳田 涼子

まっすぐ見つめる瞳がいつも一途な想いをたたえている涼子さん。いつでも一生懸命生きてきたんだなぁと思わせる人。テニスもお料理も子育ても、そしてきっと恋愛も。一生懸命だから思いっきりがいい。あんなにケラケラと屈託なく笑いながら、本気で子供たちと向き合っている姿は眩しくて清々しい。
柳田家のやんちゃ坊主はもちろん、思いっきりのいいお料理とあなたの大きな愛情で、周りにいる心傷ついた子供たちや体の弱い子供たちにもあたたかい眼差しを向けてあげてね。その人の輪の広がり、コミュニティ作りは、これからの時代にきっと必要とされていることですよ。

麹と器で、おいしくなる魔法。
Sayaka Shingyo
眞行 紗弥香

いつもニコニコして、花のような笑顔の紗弥香さん。才能豊かでクリエイティブなセンスの良さがあり、ディプロマコース中にすでにご自身でも料理教室を始めていました。ところが、アシスタントさんになって、2週間もしないうちに彼からのプロポーズ！これには驚かされましたが、今やお母さんとなってしっかりここで学んだことを生かしてくれていると思います。
器も作りたい、アクセサリーも作りたい、お料理も…そのひとつ一つを実現していく芯の強さで、あなたの世界を磨いてください。料理もお皿も、ランチョンマットもオリジナル…そんなあなたらしい素敵な世界を心待ちにしている人もきっといると思います。

出汁がキマれば、和食はやさしい。
Chisato Mitsui
三井 知里

私の人生の一番大変な時期にそばにいて、支えてくれた知里さん。2度の引越し、私の主人の病、そして旅立ちと度重なる思わぬ出来事に、戸惑う私に寄り添ってくれました。おっとりとした性格なのに、いざという時は段取りが良く、テキパキ仕事を片付けてしまうエネルギーを持っているのに驚かされました。
「日本料理は心を落ち着かせてね」という私の言葉通り、丁寧に丁寧に仕事をしていたのを覚えています。日本ならではの季節の設えや食器を大切にする心を持っているのですね。本当にお料理が好きなんだとおもいます。美しい日本の家庭料理を次世代に伝える人になって欲しいと心から願っています。

『キッチンスタジオ『リスタクリナリースクール』の
6人の卒業生ママたちが、それぞれのこだわりを込めて作るレシピは
どれも丁寧に手作りされているのに、おどろきの簡単さと便利さ。
なのに、こんなにもおいしいとママ友の間で評判です。
一人ひとりのライフスタイルは違うけれど
おいしくて、健康的で、そして安心して食べられる
そんな、子どもと家族を想う気持ちは同じなのです。』
田中愛子

野菜たっぷり・すくすくメニュー。

Yuri Kato

加藤 友理

「食」の仕事で独立したいという強い意志を持って私の所に訪れた友理さんは、とにかく、何でも経験したいと、夜中の仕事も早朝の仕事も面白がって前向きに取り組んでくれました。その姿勢は私をどれほど勇気づけてくれたことでしょう。又、英語嫌いの彼女を連れてニューヨークやオーストラリアを旅したのもいい思い出。今では良き伴侶を得て、実家の家族も、そして小さなお嬢ちゃんも、みんながひとつになって、分かち合う人生を選んだのは素晴らしいことです。「食」を通して生まれた新しい家族のかたち…これこそが「幸せの生活革命」というものかもしれません。これから進化し続ける加藤家をいつも応援しています。

焼きたてお家ベーカリー、はじめましょ。

Ryoko Nakajima

中島 涼子

「ハラール認証を受けた日本食品」のプロモーションの仕事をマレーシアで一緒にして、アジアの市場の大きさを見聞した涼子さん。大阪樟蔭女子大学フードスタディコースの立ち上げは、あなたの力がなければ出来なかったと思います。講師としていきいきと若々しい笑顔で学生と接している姿は、水を得た魚というのでしょうか。心やさしい人柄に強い"芯"が出来たようで、「食」の大切さを学生たちに伝えていきたいという強い気持ちが、あなた自身の魅力にもなっていますよ。「フードスタディ」の学びを通して、女性として、人としてこれからの成長がますます楽しみです。

ホワイト&ブラウン・秘密の万能ソース

Akina Numata

沼田 晃那

泣き虫の晃那さんだったけれど、この本が出版される頃は二人目の赤ちゃんが生まれていることでしょう。何度もリスタクリナリースクールを訪れて、やっと入校し、卒業間際に助手さんになりました。失敗するたびに悔しがっては涙、何度もつくりなおして出来れば、涙。それほど料理に対する夢を人一倍持っている人。そのパッションが周りの人たちの気持ちを応援の声にして、素敵なキッチンが出来たのですね。夢だった「料理教室」への扉はもうすぐ開けられますね。あなたのように、料理をしたくてもどうして良いか分からない人たちにも、「食」の楽しさ、大切さを伝えていってほしいと思います。

file: 01 Chisato Mitsui's Recipe

Profile : 三井 知里

大学卒業後、大手料理教室でパン作りの講師を務める。その後、フードコーディネートも含めた料理のトータルコーディネートに興味を持ち、「リスタクリナリースクール」へ入学。長年助手を務め、「基礎の料理」クラスの講師も担当。現在は娘の育児に奮闘する傍ら、不定期で親子ワークショップなども開催。

My philosophy on our table.
私が大切にしている食卓の上のフィロソフィー
毎日、心をこめてお料理しましょう。

三井知里のライフ&フードスタイリング
基本の出汁をきちんと。

file:01
Chisato Mitsui's Recipe

忙しい毎日の中でつい頼りたくなるのが、「〇〇の素」「〇〇のたれ」など、簡易な人工調味料。とても便利ですが、やはり子どもに食べさせる時は添加物が気になります。和食を作る上で基本の出汁は、私にとって健康とおいしさの源。汁もの、煮物だけでなく、かえしやごま味噌などのお手製万能調味料にも流用して、時短クッキングに役立てています。

　私の幸せは人から見ると、ちっぽけなものかもしれません。整頓された家で娘と、そして夫と過ごすのんびりとした時間。家の中は決して華美ではないけれど、無駄なものを置かず、自分で吟味した家具や食器に囲まれ、季節の花や小物を飾って…。ベランダには少しだけハーブや植物を育てていて、風が時々その香りを部屋へ運んでくれます。
"何事もシンプルに、きちんと"は、思えば私の人生のテーマかもしれません。娘もきちんと育てたい…そう思うあまり、「こんな時に怒るのは間違ってる？」なんてつい考えてしまって、なかなか怒れないので甘えたさんに育ってしまっていたりもするんですけど。

　私達子どもの健康を一番に考えてくれた母と、愛子先生との出会いから興味を持ち、今となっては我が家の献立の中心となった和食も"シンプルにきちんと"が大切だと思います。シンプルなだけに、基本通りに作らないと味にばらつきが出てしまうんです。だからいつも愛子先生に教わった「お料理をする時は心を落ちつけて」「食材は綺麗に揃えて切りなさい」という言葉を思い出して、下処理から作る工程までをきちんと丁寧に…を心がけています。そして、忙しい毎日のなかで100％は難しいですが、可能な限り添加物は使わず、料理の基本の出汁から手作りしています。手順を踏んで作ることは一見面倒に思えますが、おいしく出来上がると「今日もきちんとがんばった！」という達成感があって私は好きですね。

　愛子先生のスタジオに勤めていた頃のように、近い将来にはまた以前のように料理の仕事や教室などもやってみたいのですが、今はまだまだ娘のことで手いっぱい。とてもそんな時間の余裕はありませんが、子どもとのかけがえのない時間を大切にしていきたいです。

シンプルだからこそ、手を抜かない
四季の楽しみを毎日に取り入れて。

file:01 Chisato Mitsui's Recipe

theme: 出汁にこだわった和食5品

recipe #001 | かつお出汁の作り方

多めに作って冷凍しておけば、3〜4週間保存できます。

【材料】

昆布・・・・・・・・・・・・・・・・10g
かつお節・・・・・・・・・・・・・・20g
水・・・・・・・・・・・・・・・・・1L

【作り方】

1. 鍋に水を入れ、昆布を2時間以上つけておく。（つける時間がない時は、沸騰させない程度の火力でゆっくり30分ほど加熱する）

2. 1が沸騰する直前（プツプツ泡立ってきたら）に昆布を取り出す。

3. 2をいったん沸騰させ、少し火を弱めてからかつお節を加える。アクが出れば取ってから火を止める。

4. かつお節が鍋底に沈んだら、さらしや、キッチンペーパーをひいたザルで濾す。

recipe #002　お出汁の旨みたっぷり、彩り野菜のおひたし

ほうれん草や小松菜なども、このレシピでよく食べるようになってくれました。外食などが続いて野菜不足が気になる時の1品です。

【材料】（4人分）

かつお出汁	1・1/2カップ
薄口醤油	大さじ2
みりん	大さじ2
ミニトマト	10個
トウモロコシ	1/2本
ブロッコリー	1/2房
ホタテ貝柱缶詰	1缶
塩	少々

【作り方】

1. かつお出汁、薄口醤油、みりんを合わせる。
2. お湯を沸かし、小さく切り目を入れたミニトマトを10秒ほど入れ、冷水をはったボウルに取り出す。切り目から皮をむいておく。
3. ブロッコリーは小さめの房に切り分ける。2のお湯に塩を少々加え、引き続きブロッコリーを茹でて冷水にとる。
4. トウモロコシはラップにくるんで600Wの電子レンジで2分加熱する。そのあと3cm幅に切っておく。
5. 1にミニトマト、ブロッコリー、トウモロコシ、ホタテ貝柱の缶詰を汁ごとに加える。出汁の味が染みるよう、最低1時間は冷蔵庫においておく。

recipe #003　昆布ドレッシングの和風サラダ

出汁を取った後の昆布を再利用。子どもはドレッシングをかけるとよく生野菜を食べてくれるのですが、市販のドレッシングには添加物が多いことも気になり手作りするようになりました。

【材料】（4人分）

昆布ドレッシング

かつお出汁	150cc
昆布（出汁を取った後のものでよい）	60g
薄口醤油	小さじ4
みりん	小さじ2
梅肉	大さじ2
海老	8尾
カイワレ大根	1パック
黄パプリカ	1/2個
きゅうり	1/2本
青じそ	5枚
乾燥わかめ	大さじ1

【作り方】

1. 昆布ドレッシングを作る。
   ミキサーにかつお出汁をまず100cc、昆布を混ぜやすい大きさに切ってから加え、とろとろになるまで攪拌する。
   続けて、残りの出汁、薄口醤油、みりん、梅肉を加えてミキサーで軽く混ぜ合わせる。
2. 海老は茹でてから殻をむき、冷ましておく。カイワレ大根は根を落とす。黄パプリカ、きゅうりは薄切りにする。乾燥わかめは水でもどしておく。青じそは千切りにする。
3. 2の海老、野菜類とわかめを和えて器に盛る。最後に青じそを天盛りにする。ドレッシングは別添えで、お好みの量をかけて。

recipe #004 | いりこ出汁の作り方

カルシウムたっぷりのいりこ出汁は、成長期のお子さんのいるご家庭におすすめです。

【材料】

いりこ・・・・・・・・・・・・・・・35g
昆布・・・・・・・・・・・・・・・・5g
水・・・・・・・・・・・・・・・・・1L

【作り方】

1. いりこは頭と内臓をとっておく。
2. 鍋に水、昆布、1のいりこを入れ2時間以上つけておく。
3. 2を火にかけて、沸騰したら火を止めてアクをとる。
4. 3をさらしや、キッチンペーパーをひいたザルで濾す。

【材料】（4人分）

いりこ出汁	600cc
干し海老	大さじ1
厚揚げ	100g
にんじん	1/3本
大根	3cm
ごぼう	1/2本
ごま油	小さじ2
青ねぎ	1本
醤油	大さじ1
塩	少々

【作り方】

1. 厚揚げは1cm幅に切り、3cmの長さの拍子切りにしてザルに置く。そこに熱湯をかけて油抜きする。
2. にんじん、大根は皮をむき、2mm厚さのいちょう切りにする。ごぼうはささがきにする。青ねぎは小口切りにする。
3. 鍋にごま油を熱し、にんじん、大根、ごぼうを炒める。油がまわったら、いりこ出汁、干し海老、厚揚げを加える。
4. 野菜がやわらかくなったら、醤油、塩を加えて味を調え器に盛る。最後に青ねぎを乗せてできあがり。

recipe #005 | いりこ出汁のカルシウム根菜汁

いりこと、干し海老にはカルシウムがたっぷりと聞き、良い出汁も出るので合わせてみました。普段のお味噌汁の出汁にも良いと思います。

recipe #006 | ひじきご飯

にんじんや、豆が苦手なお子さんも食べやすいご飯です。家ではいつもご飯にキヌアを混ぜて栄養価をアップさせています。

【材料】（4人分）

米	2合
ひじき	10g
キヌア	大さじ2
にんじん	1/3本（80g）
ツナの缶詰（オイル漬け）	1缶（140g）
大豆の水煮または蒸し大豆	50g
酒	大さじ2
薄口醤油	大さじ1
みりん	大さじ1
かつお出汁	適宜

【作り方】

1. 米は洗っておく。ひじきは洗って水でもどしておく。大豆の水煮を使う場合は水気をきっておく。にんじんは薄切りにし、3cm 長さの短冊切りにしておく。
2. 米を鍋又は炊飯器に入れ、キヌア、ひじき、にんじん、大豆、ツナの缶詰を油ごと加える。
※撮影時は鍋炊き。
3. 2 に酒、みりん、薄口醤油を加え、炊飯器を使う場合は規定の量までかつお出汁を加える。鍋を使用する場合は鍋に見合った量を加える。
4. ご飯が炊けたら、具材をよく混ぜて器に盛る。

subtheme: 添加物が気にならず安心！
様々な時短クッキングに使える万能調味料
「かえし」「ごま味噌」自家製調味料をつかった2品

recipe #007 | かえしの作り方

かえし1：出汁4で割ることで丼つゆ、天つゆに。
かえし1：出汁3で割ることでそばつゆに。ほか、すきやきの割り下、生姜焼きのタレのベース、照り焼き、つくねやハンバーグの隠し味などに使えます。

【材料】

砂糖・・・・・・・・・・・・・・・・40g
みりん・・・・・・・・・・・・・・・60cc
醤油・・・・・・・・・・・・・・・140cc

【作り方】

1. 鍋にみりんを入れて火にかけ、中火で加熱してみりんのアルコール分を飛ばす。次に弱火にして砂糖を加え、よく混ぜて溶かす。

2. 1に醤油を加え、沸騰させないように加熱する。アクが出てきたらすくい取って火を止める。

3. 冷めたら密閉容器に移して、保存しておく。（冷蔵庫で約1か月保存可能）

recipe #008 | かえしでマリネした香味サーモン

時間が無い時にお刺身は調理いらずでとても便利です。簡単にアレンジできれば、
時短おかずが増えるので主婦の強い味方です。

【材料】（4人分）

サーモンのお刺身	400g
かえし	大さじ5
ごま油	大さじ1
白ねぎ	1/2本
アボカド	1個
レモン汁	大さじ1

【作り方】

1. かえしとごま油をよく混ぜる。
2. サーモンの刺身は1口大に切り、1のタレに絡ませておく。
3. 白ねぎはみじん切りにして2に混ぜ合わせる。
4. 15分ほどなじませ、大人はそのまま、お刺身を食べることができない子どもはタレごとフライパンで火を通す。
5. アボカドは薄切りにし、レモン汁をかけて変色を防ぐ。最後にサーモンと一緒に器に盛っていただく。

recipe #009 | ごま味噌の作り方

炒めものや、肉巻きに塗って使ってもおいしいです。

【材料】(100cc)

味噌 ・・・・・・・・・・・・・・・大さじ3
練りごま ・・・・・・・・・・・・・大さじ3
ごま ・・・・・・・・・・・・・・・大さじ1
みりん・・・・・・・・・・・大さじ2・1/2
砂糖 ・・・・・・・・・・・・・・・大さじ1

【作り方】

1. 全ての材料をよく混ぜ合わせる。
2. 密閉容器に移して保存しておく。(冷蔵庫で約2週間保存可能)

【ごま味噌活用例】

※ごまだれ
ごま味噌　大さじ3、酢　大さじ1、
ごま油　小さじ1、出汁　大さじ1

※ごま和えの衣
ごま味噌　大さじ1、出汁　大さじ1

017

recipe #010 ごま味噌煮麺

子どものお昼ごはんのバリエーションが少なく、手軽な麺類で何かできないかと思い考えた煮麺です。

【材料】

ごま味噌	大さじ6
醤油	小さじ4
かつお出汁	600cc
そうめん	2輪
豆苗	少々
鶏ももひき肉	160g

【作り方】

1. そうめんは袋の表示を参考に茹で、ザルにとっておく。
2. 豆苗は3cmの長さに切っておく。
3. 鍋を熱して鶏ひき肉をいためる。（焦げ付く場合は少し油をひく）
4. 鶏ひき肉に火が通ったら、かつお出汁を加える。アクが出てきたらすくい取る。
5. ひと煮立ちしたら弱火にし、ごま味噌、醤油を加えて火からおろす。
6. お椀にそうめんを盛り、5をかける。最後に豆苗を乗せてできあがり。

file:02

Sayaka Shingyo's Recipe

Profile: 眞行 紗弥香

大阪芸術大学で陶芸を専攻。在学中からアクセサリーの製作と販売をはじめ、現在も姉と共にアクセサリー作家「perhe(ペルヘ)」として活躍。同在学中に「リスタクリナリースクール」へ通いはじめ、アシスタントも務める。料理教室「keittio(ケィッティオ)」を主宰。

My philosophy on our table.
私が大切にしている食卓の上のフィロソフィー
食卓の器やキッチンの道具は、それ自体がアート。

眞行紗弥香のライフ&フードスタイリング
手作り麹で素材の旨みを引き出す。

file:02
Sayaka Shingyo's Recipe

「身体にいいものを、なるべく手軽に」と考えた時、私のライフスタイルにぴたりとフィットしたのが麹です。初めは肌や腸にいいという健康面の理由から塩麹、醤油麹を手作りするようになりましたが、素材のおいしさをぐんと高めてくれる麹パワーにすっかりはまってしまいました。今では我が家に欠かせない手作り調味料になっています。

曾祖母、祖母、母、姉と、私の家族の女性たちはみんな手作りが大好き。母と祖母が作った刺しゅうが家のあちこちに飾られていたり、私と姉も小さい時からハンドメイドの洋服を着せてもらったりという環境で育ちました。中学生の頃には私も手作りの魅力に目覚め、自分で編んだペンケースを使っていたのを思い出します。"作りたい！"と思ったら、いつでも生地や糸やボタンなどの材料がすぐ手の届くところにある家でしたので、私にとってはごく自然な流れだったのかもしれません。そんな中、芸術大学に進み、好きな料理にもつながるという想いから陶芸を専攻。その傍らで母や姉と一緒にアクセサリーを作って、セレクトショップやイベントなどで販売するようになりました。私たちが作ったものをお客さまが身につけて喜んでくださるのがとてもうれしく、今も姉と一緒に作家活動を続けています。最近新居に小さなアトリエを作り、陶芸用電気釜も置いたので、器作りも再開して…と、とにかくやりたいこと、作りたいものがいっぱいなんです！

そしてもう一つ、私のライフワークであるお料理は、愛子先生の教室に出会い基礎を学び、その後、先生の薦めもあって自宅で料理教室も開催するようになりました。以前は時間をかけて凝ったお料理をふるまうことが好きでしたが、子どもができてからは食に対する意識が少しずつ変わってきたように思います。できるだけ身体にいいものを、自分ができる範囲で取り入れようと心がけるようになりました。今は発酵調味料を使って素材の旨みを引き出すシンプルな料理にはまっています。学生の頃から作り続けている器とランチョンマットのコーディネートも楽しみつつ、私も食卓から手作りの楽しさを娘に伝えていきたいですね。

母から娘へと世代を超えて受け継がれた手作りの楽しさを伝えたい。

file: 02 Sayaka Shingyo's Recipe

recipe #011 | 塩麹

健康のためというよりは、とにかく美味しくなるので手放せません。お肉もとても柔らかくしてくれます。コクも出ますし、あと一味、という時の隠し調味料にも便利ですよ。

【材料】

米麹（生）・・・・・・・・100g（乾燥麹でも可）
天然塩・・・・・・・・・・・・・・・・30g
常温の水・・・・・・・・・・・・・・・適量

【作り方】

1. ボウルに麹を入れ手でパラパラの粒状にほぐす。
2. 塩を加えて麹とよくなじむようにもみ込む。
3. 水をヒタヒタに注いでミルク状になるまで手ですり合わせる。
4. 保存容器に移し、フタをゆるく閉めて常温で寝かす。半日ほどたつと、さらにヒタヒタになるぐらい水を足し全体をかき混ぜる。

完成まで1日1回混ぜる。2日目に混ぜた時、表面の麹が乾燥しそうな状態ならヒタヒタを目安に水分を足す。

指やスプーンで粒がつぶれるくらい柔らかくなったら完成。目安は、夏で1週間くらい、冬で2週間くらい。その後、容器のフタをしっかりと閉め冷蔵庫で保管する。保存期間の目安は約三ヶ月。

theme: 手作り塩麹・醤油麹

recipe #012 | オーブンでベーコン風焼き豚

彩りがきれいでご馳走感があるので、おもてなしにもおすすめです。

【作り方】

1. 柔らかくするために豚バラ肉にフォークで数か所穴をあけ、3〜4等分にする。

2. ビニール袋に1、塩麹大さじ2、こしょう、ローズマリーを入れすり込み冷蔵庫で一晩おく。調理1時間前くらいに常温にもどす。

3. さつまいも、にんじん、大根は圧力鍋かレンジで竹串がスッと通るくらいの柔らかさにしておく。野菜をひと口大に切り、残りの塩麹大さじ1をからませる。

4. オーブンを140℃に予熱する。フライパンにオリーブオイルを入れ強火で肉、野菜に焼き色を付ける。

5. 4をオーブンシートを敷いた鉄板に乗せ、140℃のオーブンで30分ほど焼く。肉を好みの厚さに切り野菜を添えて盛り付ける。

【材料】3〜4人分

- 豚バラブロック ・・・・・・・・・・・1本
- 玉ねぎ・・・・・・・・・・・・・1/2個
- さつまいも ・・・・・・・・・・小1本
- にんじん ・・・・・・・・・・・・1本
- 大根・・・・・・・・・・・・・・1/4本
- ピーマン・・・・・・・・・・・・2個
- 塩麹・・・・・・・・・・・・・大さじ3
- オリーブオイル・・・・・・・・・・適量
- こしょう・・・・・・・・・・・・・適量
- ローズマリー ・・・・・・・・・・2枝

recipe #013 | 豆と鶏肉のトマトスープ煮込み

野菜はお好みでアレンジして楽しんで下さい。パンをひたして食べてもおいしいです。

【材料】（4人分）

- 鶏もも肉 ・・・・・・・・・・・・ 1枚
- 玉ねぎ ・・・・・・・・・・・・・ 1/2個
- じゃがいも ・・・・・・・・・・・ 2個
- にんじん ・・・・・・・・・・・・ 1本
- キャベツ ・・・・・・・・・・・・ 3枚
- 大豆水煮 ・・・・・・・・・・・ 150g
- トマト缶 ・・・ 1缶（ホールの場合フォークでかるく潰す）
- 塩麹 ・・・・・・・・・・・・・ 大さじ3
- ローリエ ・・・・・・・・・・・・ 1枚
- はちみつ ・・・・・・・・・・・ 大さじ2
- 塩・こしょう ・・・・・・・・・・ 適量

【作り方】

1. 野菜はひと口大に切る。
2. 鶏肉は筋をとり、ひと口大に切る。塩麹大さじ1で肉に下味をつける。
3. 圧力鍋にすべての材料と残りの塩麹大さじ2を入れフタをする。強火にかけフロートがあがると弱火にし3分加熱して火を止める。フロートが下りたらフタをあけ塩こしょうで味を調え器に盛りつける。

recipe #014 ｜ 塩麹ドレッシング

とっても簡単にできるのに、お野菜の風味がグンと引き立ちます。

【材料】

- 塩麹 ・・・・・・・・・・・・・・・・小さじ2
- きび砂糖 ・・・・・・・・・・・・・小さじ2
- 酢・・・・・・・・・・・・・・・・・・小さじ4
- オリーブオイル ・・・・・・・・・大さじ4

【作り方】

ボウルに塩麹、砂糖、酢を入れる。
オリーブオイルを少しずつ、全体を撹拌しながら入れていく。

recipe #015 | 醤油麹

お醤油がわりにいろいろなお料理に活用できます。

【材料】

米麹（生）・・・・・・・・100g（乾燥麹でも可）
醤油・・・・・・・・・・・・・・・・・適量

【作り方】

1. ボウルに麹を入れ手でパラパラの粒状にほぐす。
2. 保存容器にほぐした麹を入れ、醤油をヒタヒタになるまで加える。全体がとろりとするまで指先をこすり合わせるようにして混ぜ合わせる。
3. フタをゆるく閉めて常温で寝かす。半日ほどたつと、さらにヒタヒタになるぐらい醤油を足し全体をかき混ぜる。完成まで1日1回混ぜる。2日目に混ぜた時、表面の麹が乾燥しそうな状態ならヒタヒタを目安に醤油を足す。（分量外）指やスプーンで粒がつぶれるくらい柔らかくなったら完成。目安は、夏は1週間くらい、冬は2週間くらい。その後、容器のフタをしっかりと閉め冷蔵庫で保管する。保存期間の目安は約3ヶ月。

右が混ぜ合わせて入れたもの、
左が寝かせた後の完成品。

お豆腐、納豆、卵かけご飯にも醤油がわりに使うだけでおいしくなります。

recipe #016 | 醤油麹と味噌の唐揚げ

ボールではなく袋を使うことで、洗いものを減らすのがポイントです。

【材料】4人分

鶏もも肉 ・・・・・・・・・・・・・・・2枚
醤油麹 ・・・・・・・・・・・・・・・大さじ2
味噌 ・・・・・・・・・・・・・・・・大さじ1
しょうが ・・・・・・・・・・1片 (すりおろす)
卵 ・・・・・・・・・・・・・・・・・・1個
片栗粉 ・・・・・・・・・・・・・・・大さじ2
小麦粉 ・・・・・・・・・・・・・・・大さじ2

【作り方】

1. 鶏肉の筋をとり除きひと口大に切る。
2. 袋に鶏肉、醤油麹、味噌、しょうがのすりおろし、溶き卵を入れ揉み込み、半日〜一晩おく。
3. 片栗粉、小麦粉を混ぜ合わせ肉にまぶす。
4. 余分な粉を落とし170度の油できつね色になるまで揚げる。（醤油麹をつけこんでいるので高温だと焦げやすいです）

recipe #017 きのこの炊き込みご飯

残ったらおにぎりにしてお弁当にも。娘が大好きなひと品です。

【材料】

米・・・・・・・・・・・・・・・2合
きのこ（舞茸、しめじ、エリンギなど）
・・・・・・・合わせて150〜200g
※きのこは石づきをとり食べやすい大きさに手でほぐし冷凍しておく。

昆布・・・・・・・・・・・10cm程度
醤油麹・・・・・・・・・・・大さじ2
酒・・・・・・・・・・・・・大さじ1
みりん・・・・・・・・・・・大さじ1
水・・・・・・・・・・・・・・・適量
三つ葉・・・・・・・・・・・お好みで

【作り方】

1. 米は洗って水をきり、炊飯器の内釜に入れる。水（調味料を後で入れるので通常より少なめにいれておく）、昆布を入れ30分浸す。

2. 炊飯器に醤油麹、酒、みりんを加え混ぜ、凍ったままのきのこを平らにならす。（きのこはお米に乗せたらかき混ぜないようにする）

3. 炊きあがったら昆布を取り出し、切るようにまぜる。茶碗に盛り、好みで三つ葉をちらす。

recipe #018 | 醤油麹焼きおにぎり

焼きあがった時の醤油麹と胡麻油の香りもご馳走です。

【材料】3〜4個分

- 米 ・・・・・・・・・・・・・・・・・1合
- 醤油麹 ・・・・・・・・・・・・・・大さじ1
- 胡麻油 ・・・・・・・・・・・・・大さじ 1/2

【作り方】

1. おにぎりをいつもより硬めににぎる。
2. フライパンにクッキングシートを敷き、おにぎりをのせる。全面ほんのり焼き色がつくまで焼く。
3. 弱火にし、醤油麹、胡麻油を混ぜ合わせたものを両面にハケで塗る。数回繰り返す。(醤油麹を塗った後は焦げやすいので注意してください)

file : 03
Ryoko Yanagida's Recipe

Profile：柳田 涼子

テニスの国体選手である両親の元に生まれ、大学までテニス一色の毎日を送る。卒業後の会社員時代に「リスタクリナリースクール」に出会い、料理を基礎から学ぶ。卒業後、自身で料理教室 "Riko's kitchen" を主宰。年に数回イベントへ参加、焼き菓子などを販売している。また、二人の息子の育児とアウトドアな毎日をおくる一方、週に1度テニスコーチもしている。

My philosophy on our table.
私が大切にしている食卓の上のフィロソフィー
「すこやかでおいしい食」は人格を育て、
持続可能な未来を築きます。

柳田涼子のライフ&フードスタイリング
家族でアウトドア！
思いきり遊んで！食べて！

file:03
Ryoko Yanagida's Recipe

我が家は須磨海岸の近くなので、時間があれば家族でビーチへ行きます。長時間遊ぶ時もあれば、習い事の帰りに少しだけ寄ったりと色々ですが、動くとお腹は空くもの。その場でサッと食べられ、栄養たっぷりの料理をバスケットに詰めて持っていきます。休日にはお友達と集まって、青空の下でバーベキューをすることも。そんな時は前日に漬け込んでおいて焼くだけの、ガッツリお肉料理の出番です！

　私達家族のテーマはアウトドア！休日は外で思いっきり遊び、身体を動かします。一緒に汗を流して、一緒に笑って。時には息子がけがをしたりもするけれど、それにも負けずについて来てくれます。私もそんな息子に手加減なし。まだまだ、負けるつもりはありません！

　そんな風に子育てをするようになったのは、私が両親ともに国体選手であるテニス一家に生まれ育ったことが大きいのかもしれません。物心ついた時には自然にテニスに親しんでいました。自分が体験して来た、身体を動かすことの楽しさや大切さを、2人の息子にも知ってほしいと思っています。そして、育ち盛りの子どもたちが元気に遊ぶには、栄養とスタミナたっぷりのご飯が必要ですよね。モリモリ食べた後の空っぽになった皿や、おにぎりを頬張っているご飯粒だらけの手を見ると、なんだかうれしくて心がポカポカ温かくなります。

　料理やお菓子作りはテニスと平行してずっと好きだったのですが、愛子先生の料理教室に通うようになって、「ひと手間」を加える大切さ、ハーブやスパイスを使う楽しさを学びました。また、結婚してからは、「どんな所に住んでいても、人を招いて料理をすると、そこからたくさんの輪が広がる」という先生の言葉を思い出し、出会ったお友達を家に招くようになりました。そこからたくさんの輪が広がり、今ではみんな、かけがえのない存在です。

　人により症状は様々だと思いますが、我が家の次男には食物アレルギーがあり、2歳までは小麦と卵を完全除去していました。除去というとなんだか大変そうですが、私の場合はそれほど構えず、シンプルな料理を心がけています。今は小麦粉に代わる米粉や大豆粉などが簡単に手に入り、大豆粉なら大人も糖質を控えることもできるので一石二鳥です。アレルギーだからと怖がりすぎず、食材のことをしっかり調べて勉強して、食を楽しもうという前向きな気持ちになることが大切なのだと思います。

めいっぱい遊んで、たくさん体験してお腹が空いたら、モリモリご飯を。

file: 03
Ryoko Yanagida's Recipe

theme: 子どもたちと外で思いっきり遊ぶ日のピクニック料理

recipe #019

にんにくとしょうがたっぷり手羽元煮込み！オーブン仕上げ！

スタミナ満点！身体をたくさん動かす日におすすめです。

1

2

【材料】

手羽元・・・・・・・・・・・8〜10本
にんにく（薄切り）1片
しょうが（薄切り）1片
薄口醤油・・・・・・・・・・・・40cc
濃口醤油・・・・・・・・・・・・30cc
酒・・・・・・・・・・・・・・・70cc
砂糖・・・・・・・・・・大さじ3・1/2
水・・・・・・・・・・・・・・・150cc

【作り方】

1. 大きめの鍋に材料をすべて入れて火にかけ、沸騰したら弱火で1時間ほど煮込む。
2. 食べる直前に250℃のオーブンで焼き色がつくくらいに7分ほど焼く。

035

recipe #020 　玄米ご飯のタコライス

ヘルシーなサルサソース、
大人は柚子こしょうをプラスしてぴりっとおいしく！

【材料】

- 鶏ひき肉・・・・・・・・・・・100g
- 玉ねぎ（粗みじん切り）・・・・1/4個
- しょうが（みじん切り）・・・・1/2片
- A
  - ウスターソース・・・・・・大さじ1/2
  - 濃口醤油・・・・・・・・・小さじ1
  - トマトケチャップ・・・・・大さじ1
  - 砂糖・・・・・・・・・・・少々
  - 塩・こしょう・・・・・・・少々
- 油・・・・・・・・・・・・・・大さじ1

トマトソース

- トマト（1cm角）・・・・・・・1個
- 玉ねぎ（みじん切りにしてラップをして1分レンジにかける）・1/4個
- セロリ（ピーラーで筋を取って粗みじん切り）・1/2本
- にんにく（すりおろし）・・・・1/2片
- 薄口醤油・・・・・・・・・・・小さじ1/2
- 塩・・・・・・・・・・・・・・少々
- 砂糖・・・・・・・・・・・・・小さじ1
- レモン汁・・・・・・・・・・・大さじ1
- 塩麹・・・・・・・・・・・・・大さじ1
- 柚子こしょう（大人用）・・・・少々

盛りつけ用
　レタス、きゅうり、青じそ、ピザ用チーズ、
　（大人用にパルメザンチーズのスライス）、
　玄米ご飯

【作り方】

1. 玄米ご飯をたいておく。
2. フライパンに油を入れて熱し、しょうがと玉ねぎの粗みじん切りを炒める。火が通ったら鶏ひき肉を入れ、色が変わるくらいまで炒めAの調味料を加えてさらに炒める。
3. トマトソースの柚子こしょう以外の材料を容器に入れて混ぜておく。
4. 盛りつけ用のレタスは細切り、きゅうりと青じそは千切りにしておく。
5. 皿に玄米ご飯を盛り、2の鶏ひき肉を乗せてレタス、チーズ、3のトマトソース、きゅうり、青じその順で盛りつけたらできあがり。
大人用にはお好みでトマトソースに柚子こしょうを入れるとぴりっとおいしくなります。

※ビーチや公園には一人ずつ透明容器に入れて！ホームパーティなどでは子ども達に好きに盛りつけしてもらうと盛り上がります。

～おでかけに便利なおにぎり3種～

recipe #021 干ししいたけと昆布でおいしい栄養たっぷり具沢山なかやくご飯のおにぎり

【材料】4人分

- 米・・・・・・・・・・・・・・3カップ
- 昆布・・・・・・・・・・・5cm角1枚
- 鶏もも肉（1cm角に切り塩、醤油各少々で下味をつけておく）・80g
- 油揚げ・・・1/2枚（油抜きをして縦半分に切り、細切り）
- ごぼう（包丁の背で皮をこそぎとり、ささがきにして水にさらしておく）・1/2本
- にんじん・・・・1/2本（皮をむいて3cm長さの細切り）
- ひじき・・大さじ1と1/2（水で戻して水気を切っておく）
- 干ししいたけ（水につけて戻し、石づきを取って細切りにする）・2枚
- 調味料・・・・・（醤油 大さじ3、酒 大さじ1、みりん 大さじ1と1/2、塩 小さじ1/2）

【作り方】

1. 洗米した米と調味料を加えてから炊飯器の「白米」の目盛り3まで水を加え、具と昆布を乗せて炊き上げる。
2. 炊き上がったら昆布を取り出しハサミで細切りにして混ぜ合わせる。

recipe #022 大豆とちりめんじゃこの玄米おにぎり（圧力鍋で炊いた玄米ご飯）

【材料】2人分

- 玄米・・・・・・・・・・・・・2合
- 水・・・・・・・・・・480cc（目安）
- 塩・・・・・・・・・・・・小さじ1/2
- ※玄米の種類によって若干水の含み方が違うので、洗って水を含んだ玄米と同じ量の水を入れて炊いてください。
- 茹で大豆・・・・・・・・・・・100g
- ちりめんじゃこ・・・・・・・・50g
- サラダ油・・・・・・・・・・小さじ1
- 揚げ油・・・・・・・・・・・・適量
- 小麦粉・・・・・・・・・・・・適量
- 青じそ（飾り用）

調味料
- みりん・・・・・・・・・・小さじ1
- 酒・・・・・・・・・・・・小さじ1
- 醤油・・・・・・・・・・・小さじ1
- 砂糖・・・・・・・・・・・・少々

【作り方】

1. 玄米は細かなゴミや汚れをとり除き、2～3回水で洗ってザルに上げ水気を切る。
2. 1の玄米と水と塩を圧力鍋に入れ、圧力調節レバーを2にセットして強火にかける。圧力表示ピンが上がり2本目の白いラインが見えたらごく弱火で20分加熱し、火を止めて自然放置。
3. ピンが下がり圧力が完全に下がったらフタを開け、しゃもじで切るように混ぜる。
4. ちりめんじゃこはカリッとなるまで素揚げし、茹で大豆は薄く小麦粉をまぶして揚げておく。
5. フライパンにサラダ油を入れ、4の大豆とちりめんじゃこを入れ、調味料を順番に加えて炒り煮する。
6. 炊き上がった玄米ご飯に5を混ぜ合わせておにぎりに。
7. 青じそを千切りにして飾る。

recipe #023 おかわり続出！圧力鍋で炊いたご飯の塩むすび！

【材料】2人分

- 米・・・・・・・・・・・・・2カップ
- 水・・・・・・・・・・・・・2カップ

【作り方】

1. 米は研いでザルに上げ水気を切る。
2. 圧力鍋に研いだ米と水を入れ圧力調節レバーを2にセットして強火にかける。
3. 圧力表示ピンが上がり2本目の白いラインが見えたらごく弱火で2分加圧し、火を止めピンが下がるまで自然放置。

※圧力鍋の種類によって若干炊き時間が異なる場合があります。

～ BBQ メニュー ～

recipe #024 | ヨーグルト、しょうが、にんにく、スパイスたっぷりで大人から子どもまで喜ぶタンドリーチキン！

BBQに持って行くときは前日に準備しておくと便利！

【材料】
- 鶏もも肉・・・・・・・・・・・1枚
- 塩・こしょう・・・・・・・・・適量

漬け込みダレ
- ヨーグルト・・・・・・・・・75g
- しょうが・・・・・・・1片（すりおろし）
- にんにく・・・・・・・1片（すりおろし）
- カレー粉・・・・・・・・・小さじ1
- ターメリック・・・・・・・小さじ3/4
- 塩・・・・・・・・・・・・小さじ1/2
- パプリカ・・・・・・・・・・少々
- ガラムマサラ・・・・・・・・少々
- ケチャップ・・・・・・・・小さじ1

【作り方】
1. 鶏肉の皮面を上にしてフォークでザクザク刺し、塩こしょうをしておく。
2. 漬け込みダレの材料と1をすべて保存袋などに入れて揉み、冷蔵庫で2時間以上漬け込む。
3. 保存袋から出してBBQの時は網で、自宅ではフライパンで焼く。

recipe #025 | オレンジとローズマリーのチキン

お家でもBBQでも活躍！おもてなしにも使えます。

【材料】
- 手羽元・・・・・・・・・・・10本
- 塩・こしょう・・・・・・・・・適量
- オレンジジュース・・・・・・・35cc
- スライスオレンジ・・・・・・・1個分
- はちみつ・・・・・・・・・・・75g
- マスタード・・・・・・・・・大さじ1
- ローズマリーのみじん切り・・・大さじ1
- すりおろしにんにく・・・・・・2片分

【作り方】
1. 鶏肉以外の材料を合わせて保存袋に入れ、塩こしょうした鶏肉を加えて一晩マリネする。
2. BBQの時はそのまま網で焼き、オーブンの場合は200℃で40分ほど焼く。

recipe #026 | バジルソースでマリネした海老とホタテのBBQ

バジルの爽やかな香りが食欲をアップしてくれます。

【材料】

バジルの葉	80g
にんにく	1片
松の実かクルミ	大さじ4
オリーブオイル	1/2カップ
塩	小さじ1
パルメザンチーズ	50g

【作り方】

1. バジルは葉を摘みちぎっておく。松の実はフライパンでから炒りする。にんにくは包丁の背でつぶして4つ切り。
2. にんにく、松の実、塩をフードプロセッサーにかける。
3. 2にバジルとオリーブオイルを加えてペースト状にする。
4. 最後にパルメザンチーズを混ぜ合わせて味を見て塩こしょうを少々。

塩こしょうした海老とホタテをバジルソースでマリネしてBBQへ！

recipe #027

野菜のミックスピクルス（BBQにはドリンクジャーなどに入れて）

【材料】作りやすい量

にんじん・・1本（皮をむき、1.5cmくらいのいちょう切り）
セロリ・・・・1本（筋をとって2cmに切っておく）
きゅうり・・・2本（両端を切り落とし2cmに切っておく）
パプリカ・・・1個（種を取り1.5cm角に切っておく）

ピクルス液
- 酢・・・・・・・・・・・・・400cc
- 水・・・・・・・・・・・・・150cc
- 白ワイン・・・・・・・・・・200cc
- 砂糖・・・・・・・・・・・・80g
- 塩・・・・・・・・・・・・・小さじ2

にんにく・・・・・・・・・1片（薄切り）
ローリエ・・・・・・・・・2枚
唐辛子・・・・・・1本（種を除いたもの）

【作り方】

1. 切った野菜類を熱湯でさっと茹でて、ざるに上げて冷ましておく。
2. 鍋にピクルス液の材料を入れて中火にかけ沸騰したら火を止めて冷ます。
3. 消毒した保存瓶に1と2を入れて、にんにく、ローリエ、唐辛子を加えてフタをし、冷蔵庫で保存する。

recipe #028

オリーブオイルを塗ったバゲット

バゲットにたっぷりのオリーブオイルを塗って網で焼くだけ。
そのまま食べても、上記バジルソースでマリネしたエビやホタテを乗せても美味しい！

recipe #029

バナナの簡単デザート

バナナを皮つきのまま網の上へおき全体が真っ黒になるまで焼き、
焼けたらナイフで真ん中をあけてグラニュー糖とシナモンをふりかけてスプーンでいただく。

subtheme: ボーイズが大好きなおやつ

recipe #030

アレルギーっ子でも安心して食べられる米粉のマフィン

プルーンピューレとバナナで鉄分もとれて栄養満点おやつ!!!

【材料】マフィン型6個分

A:
- プルーンピューレ・・・・・・・30g（※）
- バナナ（中）・・・・・・・・・1/2本
- レモン汁・・・・・・・・・・大さじ1
- 豆乳・・・・・・・・・・・・・60g
- きび砂糖・・・・・・・・・・・45g
- 塩・・・・・・・・・・・・ひとつまみ
- 太白ごま油・・・・・・・・・・40g

B:
- 米粉・・・・・・・・・・・・・100g
- ベーキングパウダー・・・・・・小さじ1
- アーモンドプードル・・・・・・25g
- 重曹・・・・・・・・・・・小さじ1/2
- ブルーベリー・・1/2カップと仕上げ用を適量

※プルーンピューレの作り方

【材料】作りやすい量
- 種抜きドライプルーン・・・・・・・200g
- ぬるま湯・・・・・・・・・・・大さじ大2

材料をフードプロセッサーに入れピューレ状になるまで混ぜたら出来上がり。

【作り方】

1. Aをボールに入れ、フォークでつぶしながら混ぜる。
2. 泡立て器に持ち替え、太白ごま油を少しずつ加えながら混ぜる。
3. 合わせておいたBを加えてすばやく混ぜたら、ブルーベリー1/2カップを加えてゴムベラでひと混ぜして型に入れる。
4. 仕上げ用のブルーベリーを乗せて180℃で10分、160℃に下げて15分焼く。

recipe #031 | 作っても作ってもすぐになくなる黒糖ラスク

持ち歩きにも便利なので、よく作る子ども達が大好きなおやつ！使うのは黒糖と生クリームだけ！

【材料】

食パン・・・・・・・・・・1枚（5枚切り）
生クリーム ・・・・・・・・・・・・100cc
黒糖・・・・・・・・・・・・・・・大さじ3

【作り方】

1. 食パンを2cm角くらいに切って天板に敷いたオーブンシートに乗せ、オーブン140℃で50分ほどじっくり焼く。

2. フライパンに生クリームと黒糖を入れて弱火で黒糖を溶かし、1を入れて混ぜる。

3. 少し水分を飛ばしたら1で使ったオーブンシートに戻し、200℃で10分〜15分焼く。

※オーブンシートは取り替えずにそのまま使っても大丈夫♪

file:04	Akina Numata's Recipe	Profile: 沼田 晃那

大学卒業後大手料理教室に入社し、講師と運営スタッフを経験。結婚を機に退職しパン職人として働きながら「リスタクリナリースクール」へ入学、卒業後アシスタントとして働く。今年10月に出産し二人の息子の母に。育児が落ち着いたら、自宅で料理教室を開催するのが現在の目標。

My philosophy on our table.
私が大切にしている食卓の上のフィロソフィー
どんなレシピにも、知恵と愛情が詰まっています。

沼田晃那のライフ&フードスタイリング
2種の万能ソースで作る洋食。

file:04

Akina Numata's
Recipe

18歳で愛子先生に出会った時、そして結婚後に再会した時、偶然そのどちらも、ミートパイの作り方の体験教室でした。私にとっての運命の料理と言えるかも知れません。その基礎であり、洋食の基礎とも言えるブラウンソースとホワイトソースは、まさに万能アイテム。好き嫌いの多い夫と息子たちも、このソースを使った洋食メニューは大好物なんです。

　振り返ると、私の仕事は常に料理と共にありました。大学を卒業してすぐに大手のクッキングスクールに就職。料理講師をしていましたが、もっと色々なことを学びたくて田中愛子先生の教室に通うようになりました。その後、先生のキッチンスタジオで3年間アシスタントを経験。結婚してからもパン屋さんで働いたりと、これまでずっと大好きな料理の仕事に携わり続けてきたんです。だから料理だけは、人に負けないものだと密かに思っています。

　そんな経験の中でも、先生のキッチンスタジオでの時間は、私にとって忘れられない特別な体験です。飲食店のプロデュースをしたり、本や雑誌の撮影をしたりといろいろなお仕事のお手伝いするにつれ、こんなにキラキラした世界があるんだ！と感動したんです。元々、子どもが生まれてからは家庭優先の生活…と思っていたのですが、生まれてみると、「あんな料理も作りたい」「こんなメニューも食べさせたい」と料理のアイデアがますます膨らんで。いつか自分で料理教室をしたい、という想いが日に日に大きくなっています。最近新居に引っ越したのですが、その際に、もうキッチンには思いきりこだわって、料理教室ができる環境を整えてしまいました。カラーは愛子先生のスタジオで憧れていた、鮮やかな赤色！夫や息子たちの協力も得ながら、こうやって一つ一つ、夢を叶えていければと思っています。

　ただ今、ひとつだけ困ったことがあって、うちの主人は食べ物の好き嫌いが多いんです。その上、なんと2歳の息子までが好き嫌いを連発(笑)。そうなってくると私も意地になって、「我が家では好き嫌いは許さない！なんでも食べさせる！」と逆に燃えてきます。嫌いな野菜を米粒のように小さく刻んだり、匂いが分からないようにソースを絡めて料理したりと、日々工夫を凝らしています。たとえ疲れている時でも「二人においしく食べてもらいたい」「幸せな家庭の味を伝えたい」という気持ちで、毎日赤いキッチンで奮闘しています。

家族に幸せな家庭の味を伝えながら、いつか料理教室の夢を叶えたい！

file.04 Akina Numata's Recipe

theme: ホワイトソースとブラウンソース

recipe #032

基本のホワイトソース

牛乳を少しずつ加えながらのばすのが、
ダマにならず、上手に仕上がるポイントです。

【材料】

バター ・・・・・・・・・・・・・・・40g
小麦粉 ・・・・・・・・・・・・・・・40g
牛乳 ・・・・・・・・・・・400〜600cc
塩・こしょう ・・・・・・・・・・・適量

【作り方】

1. 鍋にバターを溶かし、小麦粉を入れて色がつかないように弱火でゆっくり炒めてなじませる。
2. さらさらになったら牛乳を少しずつ加えながらのばし、塩こしょうで味を調える。

recipe #033 チキンクリームシチュー

基本のホワイトソースに加えたシェリー酒が、香りとコクを引き立てます。

【材料】

鶏手羽元・・・・・・・・・・・500g
じゃがいも・・・・・・・・・・3個
にんじん・・・・・・・・・・・2本
ブロッコリー・・・・・・・・・100g
塩・こしょう・・・・・・・・・少々
バター・・・・・・・・・・・・30g
スープ・・・・・・・・・・・・600cc
※スープは、水600ccに対して小さじ2の野菜の愛情(または市販のブイヨンの素でも可)を溶かしたもの。

【ホワイトソース】※基本のソースにシェリー酒を加えたもの
バター・・・・・・・・・・・・45g
小麦粉・・・・・・・・・・・・大さじ2
牛乳・・・・・・・・・・・・・300cc
生クリーム・・・・・・・・・・100cc
シェリー酒・・・・・・・・・・大さじ1

【作り方】

1. じゃがいもとにんじんは皮をむき、大きめの乱切りにしておく。ブロッコリーは房ごとに切り分け、熱湯で茹でザルにあげておく。

2. 鍋にバターを溶かし、じゃがいも、にんじん、鶏手羽元を入れて炒め、スープを注いで30分〜40分ゆっくり煮込む。

3. ホワイトソースを作る
別の鍋にバターを溶かし、小麦粉を振り入れて焦がさないように弱火でさらさらになるまで炒め、シェリー酒を振りかける。十分に炒めたら牛乳を少しずつ加えてなめらかな状態にする。

4. ホワイトソースに2の具材全量と煮汁を少し加えて溶きのばし、生クリームを加え、塩こしょうで味を調える。

recipe #034 | キノコと豆腐のヘルシーグラタン

豆腐でかさ増ししているので、ヘルシーなのに満足感が高いひと品です。

【材料】

基本のホワイトソース
- しめじ・・・・・・・・・・・・・50g
- 舞茸・・・・・・・・・・・・・550g
- エノキ・・・・・・・・・・・・1/2株
- 鶏ひき肉・・・・・・・・・・・150g
- 木綿豆腐・・・・・・・・・・・2丁
- バター・・・・・・・・・・・・20g
- 塩・こしょう・・・・・・・・・少々
- ピザ用チーズ・・・・・・・・・適量
- パセリ・・・・・・・・・・・・適量

【作り方】

1. しめじ、舞茸は石づきを落とし、手でほぐしてみじん切りにしておく。エノキも同じく石づきを落とし、手でほぐしてみじん切りにしておく。
2. 木綿豆腐はキッチンペーパーに1丁ずつ包み、重しをして30分水切りをしておく。
3. フライパンにバターを溶かし、1を加えて炒め、キノコ全体にバターが馴染んだところで鶏ひき肉を加えてさらに炒める。塩こしょうで味を調える。
4. 基本のホワイトソースに3を合わせる。
5. 2を食べやすい大きさに切りグラタン皿に敷き、4を上からかけてピザ用チーズを全体にかけ、200℃のオーブンで10分～12分焼き、パセリを散らす。

recipe #035 　海老とブロッコリーのクリーム春巻き

息子が苦手なブロッコリーも、こうすると気付かず食べてくれます。

【材料】

基本のホワイトソース
海老 ・・・・・・・・・・・・・・・12尾
ブロッコリー・・・・・・・・・・・・100g
バター・・・・・・・・・・・・・・・20g
塩・こしょう ・・・・・・・・・・・少々
ピザ用チーズ・・・・・・・・・・・・20g
春巻きの皮・・・・・・・・・・・・・8枚
サラダ油・・・・・・・・・・・・・適量
小麦粉・・・・・・・・・・・・・大さじ1
水・・・・・・・・・・・・・・・大さじ1

【作り方】

1. 海老は殻としっぽ、背ワタを取り除き、塩水、真水の順番でもみ洗いをし、下処理をした後、1cmに切り分けておく。ブロッコリーは粗目のみじん切りにしておく。

2. フライパンにバターを溶かし海老を入れて炒め、色が変わってきたところでブロッコリーを入れて全体にバターがなじむまで炒め合わせる。

3. 火が通ったら、塩こしょう少々で味を調え、基本のホワイトソースを加えまぜ、バットに移して粗熱がとれたら表面が乾燥しないようにラップをかけて冷蔵庫で30分以上冷やす。

4. 春巻きの皮に3を乗せ、ピザ用チーズを散らし、中から漏れないように巻いていく。巻き終わりを小麦粉と水で作ったノリをしてしっかりとめる。

5. 180℃に熱したサラダ油で、きつね色になるまで色よく揚げる。

recipe #036 | 基本のブラウンソース

ビーフシチューやハヤシライス、オムライスなどにも活躍する万能ソースです。

【材料】

バター	大さじ4
小麦粉	大さじ1
水	2カップ
野菜の愛情（コンソメスープの素）	2個
ローリエ	1枚
トマトペースト	大さじ2
乾燥セージ	少々
A[ウスターソース	大さじ1/2
ケチャップ	大さじ1/2
塩・こしょう	少々

【作り方】

1. 鍋を温め、バターを溶かす。小麦粉を振り入れ、焦がさないように弱火で茶色く色づくまで炒める。
2. 1の鍋に、水、野菜の愛情（ブイヨンの素）、ローリエ、乾燥セージ、トマトペーストを加え、ゆっくり火にかけてとろみをつける。
3. Aの調味料を入れ、味を調える。

recipi #037 ｜ たっぷり野菜のミートソースパスタ

野菜がたっぷりですが、我が家の野菜嫌いの息子もたくさん食べてくれます。

【材料】
基本のブラウンソース
カットトマト缶・・・・・・・・・200g
玉ねぎ・・・・・・・・・・・・・1個
セロリ・・・・・・・・・・・・・1/2本
にんじん・・・・・・・・・・・・1/2本
にんにく・・・・・・・・・・・・1片
牛ひき肉・・・・・・・・・・・・200g
塩・こしょう・・・・・・・・・・少々
乾燥パスタ・・・・・・・・・・・320g
チーズ・・・・・・・・・・・・・適量
パセリ・・・・・・・・・・・・・適量

【作り方】
1. 玉ねぎ、セロリ、にんじん、にんにくは全てみじん切りにしておく。フライパンにオリーブオイルとみじん切りにしたにんにくを入れて火にかけ、香りが出るまで弱火でじっくり火にかける。

2. 香りがでたら、みじん切りにした野菜を入れて焦がさないように全体がきつね色になるまで炒め、一度バットに取り出す。

3. 同じフライパンにオリーブオイルを足し、牛ひき肉を入れて炒め、2の野菜を戻して全体を均一に混ぜ合わせたら、カットトマト缶、塩こしょう、基本のブラウンソースを加えて混ぜる。

4. 鍋にたっぷりの湯を沸かし、塩をひとつまみ入れて、表示どおりに乾燥パスタをゆでる。

5. 3とパスタを絡ませチーズを削り、パセリを散らす。

recipe #038 ｜ 我が家の定番、ブラウンソースハンバーグ

男子2人が大好きなので、月に1度は登場するヘビロテレシピです。

【材料】
基本のブラウンソース
合い挽き肉・・・・・・・・・・・400g
玉ねぎ・・・・・・・・・・・・・1個
にんにく・・・・・・・・・・・・1片
生パン粉・・・・・・・・・・・・20g
牛乳・・・・・・・・・・・・・・大さじ3
卵・・・・・・・・・・・・・・・1個
塩・こしょう・・・・・・・・・・少々
バター・・・・・・・・・・・・・大さじ2
サラダ油・・・・・・・・・・・・大さじ1.5

【作り方】
1. 生パン粉は牛乳に浸しておく。玉ねぎ、にんにくはみじん切りにしておく。

2. フライパンにバター大さじ1、サラダ油大さじ1/2を入れてにんにくを弱火で炒め、香りが出てきたら玉ねぎをいれてきつね色になるまでゆっくり炒め、ボウルに移して冷ましておく。

3. 2のボウルに合い挽き肉、牛乳に浸した生パン粉、卵、塩こしょうを入れて練り合わせ、小判型に成型する。

4. フライパンに残りのサラダ油を入れて、3のハンバーグを並べ両面を色よく焼き、フタをして弱火で蒸し焼きにして火を通す。

5. ハンバーグの中心に竹串をさして透明の肉汁が出ていることを確認したら、皿に盛り付け、上からブラウンソースをかける。

recipe #039 | ミートパイ

愛子先生に初めて教えていただいた思い出のレシピです。クリスマスやおもてなしによく作ります。

【材料】

[パイ皮]
強力粉・・・・・・・・・・・・・・・100g
薄力粉・・・・・・・・・・・・・・・150g
バター・・・・・・・・・・・・・・・225g
冷水・・・・・・・・・・・・125〜175cc

[中身]
牛肉薄切り・・・・・・・・・・・・・200g
じゃがいも・・・・・・・・・・・・・2個
ゆで卵・・・・・・・・・・・・・・・2個
ベーコン・・・・・・・・・・・・・・2枚
玉ねぎ・・・・・・・・・・・・・・・1個
ブラウンソース・・・・・・・・・1/2カップ

【作り方】

1. 粉は合わせてふるっておく。冷たい板または台の上にふるった粉とよく冷やしたバターを乗せ、スケッパーを使って大豆粒くらいにバターを粉に切り込む。

2. 大豆粒位になったら、中心部に冷水を少しずつ加え、周りを崩していきながら指先でまとめていく。軽くまとまったらラップに包み、1時間冷蔵庫で寝かせる。

3. 2を冷蔵庫から取り出し打ち粉をし、めん棒を使って三つ折り3回、二つ折り2回に折りたたみ、厚さ3mmに全体を均一に伸ばし、パイ皿の大きさに2枚切り取る。

4. 切り取った3の1枚をパイ皿に敷き、あらかじめ冷ましておいた中身を、じゃがいも、ブラウンソースで絡めた具材、ゆで卵の順番に乗せてもう1枚のパイ皮でおおい、フォークで空気抜きの穴を全体にあけ、残ったパイ皮の生地があれば上にかざる。

5. 卵黄（分量外）を小さじ1〜2の水で溶いたものを刷毛でぬり、200℃〜220℃で15分焼く。

【中身の作り方】

1. フライパンにサラダ油を熱しベーコンを弱火でゆっくり炒め、ベーコンの油がでてきたところで玉ねぎを加え、しんなりしたら牛薄切り肉を加えて肉の色が変わるまで火を通す。火を止め、ブラウンソースを加えて全体に絡ませる。

2. ゆで卵は5mm幅の輪切り、じゃがいもは丸ごと茹でて皮をむき、3mm位の輪切りにしておく。

| file : 05 | Ryoko Nakajima's Recipe | *Profile* : 中島 涼子
結婚後ル・コルドン・ブルー神戸校に入学、ディプロムを取得。その後「リスタクリナリースクール」主宰の田中愛子に師事、世界の家庭料理を学ぶ。卒業後、育児をしながら自宅にて料理教室 monthlycooking を主宰。現在は田中愛子と共に大阪樟蔭女子大学フードスタディ講師を務める。 |

My philosophy on our table.
私が大切にしている食卓の上のフィロソフィー

人と語りあい、笑いあえる食卓を人生の宝物に。

中島涼子のライフ&フードスタイリング

子どもたちの健やかな未来のために
心を込めて料理する。

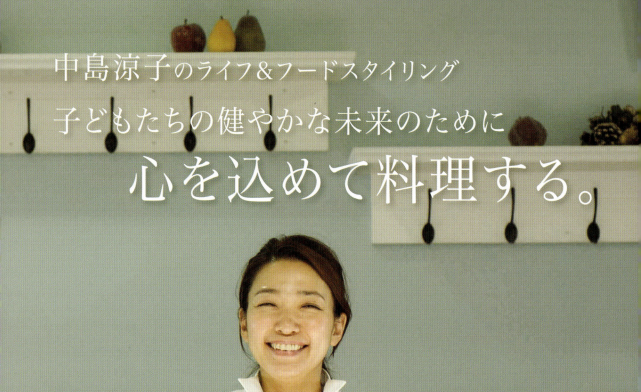

file: 05

Ryoko Nakajima's Recipe

愛子先生のキッチンスタジオで学んだことの中でも、パンやお菓子作りは私の最も好きなテーマです。勉強をがんばる長男やお料理好きの娘に、ホカホカの焼き立てパンで笑顔と元気をあげたくて、暮らしの中の空き時間を使って簡単に仕込めるレシピを工夫しました。家族が寝静まった後、一人黙々とパン生地をこねる作業は、ストレス解消にもいいですよ！

　若い頃はカフェに憧れ、いつか自分でもカフェをやってみたくて、コーヒーの知識を深めるためにコーヒーショップで働いていたのですが、そこで主人と出会い、結婚し出産。長男が2歳になる頃、嫁ぎ先であるお菓子メーカーの社内で、カフェ事業の話が持ち上がりました。この時にコンサルをしてくださったのが田中愛子先生です。コンセプト作り、メニュー開発、デザイン…。憧れていた"カフェ作り"を一から全てこなす先生のファンになりました。先生の提案される料理、スイーツも今まで見たこともないものばかりで、感動の連続でした。そして、「こんなお料理を私も作れるようになりたい」と思い、先生の主宰するリスタクリナリースクールへ入学しました。子育てしながら、カフェで働き、お料理を学び、それは忙しい日々でした。まだ幼かった息子を毎日朝から晩まで保育園に預けることへの罪悪感や、熱を出した時にはお店に迷惑をかけてしまうことなど、いろいろな葛藤もありました。そんな時、先生がかけてくださった「子どもに誇れる仕事をしなさい」という言葉は今でも大切にしています。暑い夏の日、汗と涙で目が曇ったのを昨日のことのように思い出します。

　そうして、下の子が1歳になる頃、私が先生のお料理に感動したように、私も人を感動させたいと思うようになり、自宅で料理教室を始めました。結婚してすぐ夫の父の勧めでル・コルドン・ブルーに通いお菓子の技術を勉強したことや、リスタで得た、料理はもちろんおもてなしの心、家庭料理の奥深さを伝えられるように努めました。しかし自分の思いとは逆に、やればやるほど力不足を感じることもよくありました。料理以外の仕事をしてみた時期もあり、社会の厳しさを痛感したことや、忙しすぎて自分というものを見失ってしまったことも。そんな時、久しぶりに先生を訪ねてハッと気付いたのです。私のやりたいことは料理なんだと。先生に憧れて、料理を学んだことをもう一度原点に立ち戻って考えました。家族が大好きで、家族においしいごはんを作って笑顔にすること。家庭料理にはそんな力があることを再認識した瞬間でした。その頃から、先生の提唱する"食卓の上のフィロソフィー"を意識するようになりました。今は田中愛子教授のもと、大阪樟蔭女子大学のフードスタディ講師として、まだまだ力不足ではありますが、家庭料理の大切さ、子どもたちの未来のためにできることを、料理を通して伝えています。将来この生徒たちが、結婚し子育てをする時がきたら、"こどもたちのために""地球のためにできること"を実践する素敵な女性になってほしいと願いながら…。そして、いつも私の思いを理解し協力してくれる夫や子どもたち、近くで見守り困った時にすぐに手を差し伸べてくれる夫の両親、さらに、遠方からいつも応援してくれる母に、感謝の気持ちを届けていきたいと思っています。

大好きな家族と生徒たちに、
料理を通して大切なことを伝えたい。

file: 05　Ryoko Nakajima's Recipe

theme: 手作りのおいしさを伝えたいから、
手間をかけて手作りのパン

recipe #040 | シナモンロール 〜基本の手ごねパン〜

パン作りは難しそう…私も最初はそう思っていました。でも"こねる"と"発酵"のコツが分かれば、
家事の合間に作れるようになります。焼きたてのパンの香りは格別。がんばって作ってみてください。

【材料】カップケーキ型6個分

■基本の生地
- A
  - 強力粉・・・・・・・・・・・・200g
  - グラニュー糖・・・・・・・・・20g
  - 塩・・・・・・・・・・・・・・3g
  - ドライイースト・・・・・・・・3g
- 卵（Mサイズ）・・・・・・・・・1/2個
- 水・・・・・・・110cc（40℃くらい）
- 常温のバター・・・・・・・・・・25g

■シナモンシュガー
- グラニュー糖・・・・・・・・・大さじ2
- シナモンパウダー・・・・・・・大さじ1

■アイシング
- 粉糖・・・・・・・・・・・・・・50g
- 水・・・・・・・・・・・・・・小さじ2

【作り方】

1. こねる

大きめのボウルにAを入れ、40℃くらいのぬるま湯に卵を溶き混ぜ粉に一気に加えたら手早く混ぜる。
キッチン台の上に生地を移し、手の平で生地を押しつけるようにしてこね、叩きつけたりを繰り返しまとめる。これを5分ほど繰り返す。
ひとつにまとまった生地を広げて常温のバターを加え、再び台に叩きつけたりこねたりして、つやが出てなめらかになるまで15分ほど繰り返す。

2. 1次発酵

表面をきれいに丸くまとめたら、ボウルに戻しラップをして1次発酵。
30～40℃くらいの温かい場所に置いて、生地が倍近くなるまで発酵させる。（30分～1時間）

3. ベンチタイム

倍に膨らんだ生地を軽く押さえ、ガスを抜き、再度表面をきれいにし丸くしたら、乾燥しないように布巾をかけて10分ほど休ませる。

4. 成形

めん棒で生地を長方形(20×25cm)ほどに伸ばし、グラニュー糖とシナモンパウダーを全体に振りかける。手前から巻き上げ、5cm幅にカットする。

5. 2次発酵

断面を上にし、型に置いたら30～40℃くらいの温かいところに置き、ひとまわり大きくなるまで発酵させる。

6. オーブンで焼く

180℃のオーブンで、20～25分焼く。
焼きあがったら網に移し熱を取る。

7. 仕上げ

粗熱が取れて冷めたら、粉糖と水を混ぜたアイシングを上から垂らす。

A. ころころシュガーバター

子どもたちが集まればあっという間になくなっちゃう！
みんな大好きなおやつです。

【材料】約30個分
P60の基本の生地の材料
バター・・・・・・・・・・・・30g
グラニュー糖・・・・・・・・・20g

【作り方】

1. **ベンチタイム**
   基本の生地の1次発酵が終わり膨らんだ生地を手で軽く押さえガスを抜き、ナイフで生地をカットして10gの玉に丸める。乾いた布をかけて15分ほど生地を休ませる。

2. **2次発酵**
   生地を軽く丸めなおし、30〜40℃くらいの温かいところでひとまわり大きくなるまで発酵させる。

3. **オーブンで焼く**
   180℃のオーブンで13〜15分焼く。

4. **仕上げ**
   大きめのボウルにバターを入れ、焼きあがった生地を熱いうちに加えボウルを振ってバターを絡める。
   グラニュー糖を加え全体にまぶす。

※香り付けにシナモンパウダーをグラニュー糖に加えてもよい。

recipe #041
基本の生地でいろいろアレンジ

B. 山型パンでクリームチーズ＆スモークサーモンのオープンサンド

シンプルな生地にクリームチーズとサーモンが良く合います。ディルの爽やかな香りで一日のスタートです。

【材料】
P60の基本の生地の材料
クリームチーズ・・・・・・・・・100g
きゅうり・・・・・・・・・・・1/2本
スモークサーモン・・・・・・・10枚程度
レモン・・・・・・・・・・・・少々
ディル・・・・・・・・・・・・少々

【作り方】D18×H16×W8cm型

1. **ベンチタイム**
   基本の生地の1次発酵が終わり膨らんだ生地を手で軽く押さえガスを抜き、ナイフで2等分にし、丸める。乾いた布をかけて15分ほど休ませる。

2. **2次発酵**
   生地を軽く丸めなおし、綴じ目を下にして型に入れ、30〜40℃くらいの温かいところでひとまわり大きく膨らむまで発酵させる。

3. **オーブンで焼く**
   発酵して膨らんだ生地を潰さないように溶き卵（分量外）を刷毛で塗る。
   200℃のオーブンで25分焼成。
   焼きあがったら型から外して網にのせ冷ます。

4. **仕上げ**
   粗熱が取れたパンを薄く切りクリームチーズを塗り、薄くスライスしたきゅうり、スモークサーモンをのせ、レモンとディルを飾る。

recipe #042 | グリル野菜のポタージュ

愛子先生のたくさんあるスープレシピの中でも
大好きなスープ。子どもたちお気に入りのレシピです。

【材料】4人分

トマト	4個（中）
にんじん	1本（大）
白ネギ	2本
ニンニク	2片
オリーブオイル	大さじ2
水	500cc
野菜の愛情（コンソメスープの素）	小さじ2
イタリアンパセリ	飾り用少々

【作り方】

1. トマトは半分、白ネギは5cm幅に、にんじんは厚めのスライス、ニンニクは半分に切る。
2. オリーブオイルを1全体に絡め、天板に並べる。この時なるべく重ならないように、トマトは断面を下にしておく。
3. 190℃のオーブンで20分焼く。
4. トマトの皮を取り除き、鍋に移し水を加えて野菜がやわらかくなるまでコトコト煮込む。
5. 粗熱が取れたらミキサーでペーストにする。
6. 鍋に戻し、野菜の愛情（コンソメスープの素）を加え味を調える。
7. 器に注ぎイタリアンパセリを飾る。

recipe #043 ｜ こねないパン

夜に仕込んで朝まで発酵。
発酵時間が長いけど、ほったらかしでできるパン。

【材料】

強力粉・・・・・・・・・・・・・・350g
水・・・・・・・・・・・・・・・・300cc
塩・・・・・・・・・・・・・・・小さじ1
グラニュー糖・・・・・・・・・・・小さじ1
ドライイースト・・・・・・・・・小さじ1/2

打ち粉用強力粉・・・・・・・・・・・適量

【作り方】

1. 混ぜる
 ボウルにすべての材料を入れ、40℃くらいのお湯を加えてゴムベラで混ぜる。

2. 発酵
 全体が混ざり粉っぽさがなくなったら、ラップをして常温で8〜10時間ほど発酵させる。

3. ベンチタイム
 打ち粉（強力粉）を生地にふりかけ、手で優しく押さえガスを抜く。ラップをして15分生地を休ませる。

4. オーブンで焼く
 天板にクッキングシートを敷き、生地を置き強力粉大さじ2を生地の表面に振りかけ、霧吹きなどでたっぷりと水をかける。220℃に予熱したオーブンで25〜30分焼く。

※香り付けにシナモンパウダーをグラニュー糖に加えてもよい。

recipe #044
手作りグラノーラ

手作りグラノーラは朝食の定番。
今日も元気にいってらっしゃい！

【材料】1.5ℓの容器

オートミール	150g
くるみ	30g
アーモンド	30g
かぼちゃの種	20g
ひまわりの種	20g
ココナッツ	20g
レーズン	30g
メープルシロップ	大さじ4

【作り方】

準備：くるみとアーモンドはざっくりと刻んでおく。
　　　オーブンを予熱180℃にしておく。

1. レーズン以外の材料を全て混ぜ合わせる。
2. 天板にクッキングシートを敷き、1の材料をなるべく平らに広げる。
3. 180℃のオーブンで10分焼成。
4. いったんオーブンから取り出し、全体を混ぜ合わせ再度オーブンへ。
5. 160℃に下げて15分焼成。
6. 焼けたらオーブンから取り出し、熱いうちにレーズンを加えて混ぜておく。
7. 天板のまま熱を取り、完全に冷めたら保存容器に移す。

subtheme: 季節の果実で
コンポート・ジャム

recipe #045
ブルーベリーのジャム（いちじくのジャム）

小さい瓶に入れておけば、
いつでも焼きたてのパンと食卓に。

【材料】200 ml容器

ブルーベリー・・・・・・・・・・・200g
グラニュー糖・・・・・・・・・・・80g
レモン汁・・・・・・・・・・・1/2個分
（グラニュー糖は実に対して40％前後）

【作り方】
1. ブルーベリーを洗って水気をふき取り、小さめの鍋に入れ、グラニュー糖、レモン汁を加えて火にかける。
2. 中火でアクが出てきたら丁寧に取り除く。
3. アクを取ったら弱火にして10分ほど煮詰める。粘度がつくまで。
4. 熱いうちに沸騰したフタに移しふたをする。熱いので注意。

※いちじくのジャムも工程は同じ。レモン汁1/2個分を工程3で加える。

recipe #046
洋梨のコンポート

季節のフルーツで一年中楽しめるコンポート。
バニラアイスに添えて、シロップはソーダ割りにしてもおいしいです。

【材料】

洋梨・・・・・・・・・・・・・・2個
グラニュー糖・・・・・・・・・・50g
水・・・・・・・・・・・・・・200cc
クローブ・・・・・・・・・・・・5粒
バニラビーンズ・・・・・・・・1/3本
シナモンスティック・・・・・・・1本
スターアニス（八角）・・・・・・1個
ミント・・・・・・・・・・・・・少々
レモン・・・・・・・・・・・・・少々

【作り方】
1. シロップを作る。
   洋梨2個分が入る手鍋に、水、グラニュー糖、クローブ、バニラビーンズ、シナモンスティック、スターアニスを入れ火にかけグラニュー糖を溶かし、スパイスの香りが出てきたら火を止めて冷ましておく。
2. 洋梨の皮をむき、食べやすいように4等分にカットする。
3. シロップが冷めたら洋梨を入れ容器に移し冷蔵庫で冷やす。
4. 器に盛り付け、ミントやレモンを飾る。

本書カメラマン、増田えみさんの
食事もちょっとのぞいてみました！

file:06 Emi Masuda's Lifestyle

Profile：増田 えみ

小学生の頃から撮影に興味を持ち、大阪芸術大学の写真学科で学びながら、写真館や甲子園などでも撮影のアルバイトを経験。卒業後は料理写真を主にしたコマーシャル撮影スタジオに勤務。二人の娘の出産を機に、マタニティーや子どもの撮影も開始。写真教室の主催をしつつ、雑誌の撮影、HP用の撮影など全国で仕事をしている。

My philosophy on our table.
私が大切にしている食卓の上のフィロソフィー

世界中で起きている「現実」と「真実」にも目を向けましょう。

何事も体が資本ですし、子どもたちには安心でおいしい食事で免疫力を上げてもらって、病気知らずでいて欲しいと思っています。熱が出ても、翌朝には下がる体にすることが大切。それは結局、私が仕事を休まずに済むことにもつながります。そのために、時間や手間をかけずに安心な食材を手に入れ、おいしい料理を作る様々な工夫を取り入れています。

増田えみのライフ&フードスタイリング
安心な食材を手早く調理する。

　フォトグラファーであり、シングルマザーでもある私は、日々、たくさんの子どもたちの撮影をしており、時折仕事で被災地に行くこともあります。その中での経験もあり、私自身、二人の子どもの出産を機に、「食べるものと健康」「健やかに育つために」「地球を未来に繋ぐために」などについて考えるようになりました。現在は、食料事情や環境においても、子を持つ母なら何かと不安な要素が多いです。そのために何ができるのかを考えながら、写真を通じて社会へのアクションも起こしていきたいと思っています。

　また私の家では、農薬不使用や減農薬野菜、無添加で安全にこだわった食材を週に1回注文し、6日間で無駄なく使い切ることにしています。とは言え、時間がないことも多いので、保温調理器、フードプロセッサー、蒸し器などを多用して手早く調理をしています。煮物やシチューを圧力鍋で作るのはもちろん、保温調理器で朝にカレーやシチューを途中まで作って出かけたり。電子レンジは持たず、代わりに蒸し器、炊飯器の保温機能などを利用します。またお料理をする際はなるべく、煮る、蒸すなど一つの工程を終えたら半分に分けて冷凍して、明日以降につながるようにしています。例えばフードプロセッサーを使う際は乾いたものから。最初に冷凍のパンをパン粉にして、次に野菜のみじん切り、最後にお肉やお豆腐を混ぜるところまで…と一度出したら一回で色々使います。玉ねぎも2個分をみじん切りにして炒めて半分冷凍しておき、翌日以降のスープやソースに。ポテトサラダも倍量作っておいて、半分は翌日以降コロッケにしたり、お焼きにしてお弁当に入れたりも。とにかく一度で二回使えるように、明日、明後日の分と下ごしらえをしておけば、翌日以降の工程が一つ省けるので、ずいぶん調理が楽になるんです。

安心、安全を考え厳選した素材で強くたくましい体を作ってほしい。

そのほか、増田家の食へのこだわり

まだまだ ある！

その1 簡単な料理でも盛りつけや演出を工夫して、なんでも楽しく食べる！

その2 パン、塩麹、味噌など作れるものは手間を惜しまず無添加で作る！

その3 子どもには何かお手伝いをしてもらう！しない人は食事後皿洗いを担当！

その4 お菓子は割合を記憶しておいて、ある材料に合わせて簡単に作る！

その5 できるだけ家族揃ってご飯を食べる！

---

recipe #047 お漬物のポテトサラダ

【材料】(4人分)
- ジャガイモ・・・・・・・・・・・中3個
- きゅうり（麹漬け・ぬか漬けでも可）
- ハム or ベーコン・・・・・・・・40g
- マヨネーズ・・・・・・・・・・大さじ2
- オリーブオイル・・・・・・・・大さじ1
- 粉チーズ or クリームチーズ・・・・適量
- こしょう・・・・・・・・・・・お好み
- にんじん・ハム・・・・・・・・・適宜

【作り方】
1. 大きめの鍋にたっぷりのお湯を沸かし始める。
2. ジャガイモを大きいものから、ゴシゴシと出来るだけ皮をむくようにして洗い、芽があればしっかりと取り除く。
3. 大きいものからお湯にいれつつ、2の作業を繰り返す。（時間差を作ってサイズがちがっても茹であがりが揃うように）
4. 大きいジャガイモにお箸が通ったら火を止めて、お玉1杯程度の茹で汁を残す。（その方がつぶしやすいため）
5. お鍋をそのままに、マッシャーでつぶす。（粗めにつぶす程度でOK）
6. もう一度火にかけて、少し残っていた水分を飛ばす。
7. ジャガイモが熱い状態で、チーズを入れる。
8. オリーブオイルとマヨネーズを入れて全体に混ぜる。
9. 漬物にしたきゅうりを輪切りにして、茹でたにんじん、ハムなどをざっくり混ぜる。

※マヨネーズは少なめで、チーズでコクを出します。
※塩分は漬物のみでOK。

recipe #048 | 白身魚のパン粉焼き

耐熱容器で味付けして焼いて、そのまま食卓へ。

【材料】

P72 基本のトマトソース
- 白身魚 ・・・・・・・・・・・・・・・3切れ
- パン粉 ・・・・・・・・・・・・・・・20g
- パセリ（乾燥） ・・・・・・・・・・・適量
- マヨネーズ ・・・・・・・・・・・・・大さじ2
- オリーブオイル ・・・・・・・・・・・小さじ1
- 昆布パウダー or 昆布茶 ・・小さじ1～2（お好みで）
- 塩 ・・・・・・・・・・・・・・・・・少々

【作り方】

1. 耐熱のお皿にオリーブオイル大さじ1を敷き、塩と昆布のパウダーをふっておく。
2. その上に白身魚を置き、さらに上から塩と昆布のパウダーをふる。
3. パン粉にオリーブオイル小さじ1とマヨネーズ大さじ1、パセリを入れて混ぜる。
4. 白身魚の上に 3 を平らにおき、180 度のオーブンで 20 分程度焼く。
   この時にんじんや玉ねぎ、ジャガイモ・プチトマトなどを周りに置いて一緒に焼いても OK。
5. 焼き上がり後、トマトソースをかける。

recipe #049 | 基本のトマトソース

ソースは味付けを薄くしておいて、料理に合わせて味を調整します。

【材料】

```
玉ねぎ・・・・・・・・・・・・・大1個
にんにく・・・・・・・・・・・・・1片
オリーブオイル・・・・・・・・大さじ2
トマトの水煮缶 ・・・・・・・・・1缶
野菜の愛情（コンソメスープの素）・・・・大さじ1
バター・・・・・・・・・・・・・15g
```

【作り方】

1. にんにくのみじん切りとオリーブオイルを鍋に入れてから弱火にかける。
2. 1に玉ねぎのみじん切りを加えて、オリーブオイルを絡ませ、10分程度、弱火でぴったり蓋をし、かき混ぜずに蒸すように焼く。（できればガラスのフタのお鍋で焦げないか確かめつつ
3. トマトの水煮缶、野菜の愛情(コンソメスープの素)大さじ1を入れて10分ほど弱火で煮詰める。
4. バター15gを入れる。
5. 保存容器にいれて保存する。

recipe #050 | ツナ缶のトマトピラフ

ツナ缶をそのまま入れて炊飯器で。

【材料】

```
ツナ缶・・・・・・・・・・・・・1缶
基本のトマトソース ・・・・・・大さじ3~4
野菜の愛情（コンソメスープの素）・・・・大さじ1
料理酒 or 白ワイン・・・・・・・大さじ2
にんじん・・・・・・・・・・・1/4本
```

【作り方】

1. 米2合を研ぎ、ざるにあける。
2. 炊飯器の釜に米とにんじんのみじん切りを入れ、ツナ缶の油を軽く切って加える。
3. トマトソース大さじ3~4、野菜の愛情（コンソメスープの素）大さじ1を加える。
4. お水をお米の2合分のところまで入れる。
5. 料理酒（白ワイン）を大さじ2入れる。2合のラインよりも少し多めの水分量になるがお好みで。
6. 炊飯器で炊く。
7. お好みで塩を足す。

file:07 Yuri Kato's Recipe

Profile:加藤 友理

大学に在学中から様々な飲食店でアルバイトを経験、卒業後フードコーディネーターの助手を務めた後、「リスタクリナリースクール」へ入学。在学中から田中愛子のアシスタントを務めるように。現在は独立しフードコーディネーターとして活躍、料理教室も主宰する傍ら一人娘の育児に励む。

My philosophy on our table.
私が大切にしている食卓の上のフィロソフィー
土の恵みに感謝しましょう。

加藤友理のライフ＆フードスタイリング
季節の香りで食卓をいっぱいに。

file:07

Yuri Kato's Recipe

家事、育児、仕事に忙しい毎日ですが、できるだけ家族との時間をゆっくり過ごしたいため、料理は「効率よく時短」を心掛けています。例えば子どもと大人のメニューは最後の味付けや調理方法を工夫することで、途中まで一緒に調理しています。また時間がある時に作り置きメニューを冷凍しておき、いろいろな料理にアレンジして活用しています。

私は昨年初めて出産、今は小さな娘の育児をしながら、フードコーディネーターの仕事に忙しい毎日を送っています。この仕事は結婚して出産しても続けることができる!と思っていた通り、出産した今、子育てと仕事の両立を楽しんでいます。可能な時は娘も一緒に出張や食のイベントに参加しており、また自営業の夫もそのフォローをしっかりとしてくれています。今は家族みんなでいろいろなことに取り組める、この環境に感謝と充実感を感じています。

元々私は家の前に家庭菜園がある環境で育ったので、自分自身の食のテーマは野菜にありました。そして子どもが生まれ、娘に離乳食を食べさせる中で、色が濃く素材の味がしっかりとしている自家製野菜は本当に欠かせないものとなっています。野菜に囲まれて育った環境がとても貴重で大切なものだと再確認しました。こう考えるようになったのは、まだフードコーディネーターとして一人立ちをする前、愛子先生のアシスタントをしていた際に、先生と一緒に海外へ何度か行かせていただき、海外の食文化やコーディネートを学ばせていただいた経験も大きく影響しています。その頃から、これからの食の未来を考えるようになりました。そして、自分の原点である畑、土の力を未来へ、みんなへつなげていきたいと思ったんです。

今は以前からの仕事内容に加えて、食育や子育てママの目線での仕事も増えて来ています。これからは今まで以上に視野を広く持ち、自分の子供をはじめ、これからの時代を担う子供たちにも旬の食材の美味しさ、そして料理をし食べることの楽しさを、食を通じて伝えていきたいと思っています。

食、畑、子ども、家族が一つに
料理を通じて未来に夢をつないで。

Yuri's Kitchen オフィシャルサイト　http://yuris-kitchen.com/

recipe #051 | 作り置きメニュー しっとり茹で鶏

煮汁の中で鶏肉をつけて冷ますとしっとりと仕上がります。

【材料】2枚分

- 鶏胸肉・・・・・・・・2枚（1枚 約300g）
- 白ねぎ（4等分に切る）・・・・8㎝の長さ
- 塩・・・・・・・・・・・・・・小さじ1

A
- 酒・・・・・・・・・・・・・大さじ2
- 水・・・・・・・・・・・・・3カップ
- 昆布茶・・・小さじ1（またはお好みの出汁パック）

【作り方】

1. 鶏胸肉は余分な脂と筋をとり除き全体に塩をふり10分おきペーパーで水気をふく。
2. 鍋に1、白ねぎ、Aを入れ中火にかけ沸騰したら、フタを少しずらして弱火で約4分煮る。
3. 次に裏返して灰汁を取りながらさらに弱火で約4分煮る。
4. 煮汁が冷めるまでおく。

※シンプルな調理方法のため鶏肉は国産の新鮮な物が臭みがなくおすすめです。大人用メニューの場合は生姜スライス（4枚）を加えて煮てもおいしいです。

粗熱がとれたら保存袋に茹で汁も一緒に入れて冷凍します。
茹で鶏以外にも鮭と野菜、ひき肉と野菜を調味し炒め冷凍しておくと便利です。

recipe #052 | しっとり茹で鶏で鶏のスープご飯

夏は冷たいスープで食欲がない時でも食べやすいです。冬は温かいスープで体の中から温まります。

【材料】2人分

- しっとり茹で鶏（さく）・・・・・・・100g
- 炊いたご飯・・・・・・・・・・・・2膳分
- 茹で汁・・・・・・・・・・・・・1カップ
- 淡口醤油・・・・・・・・・・・小さじ1/4

A
- 梅干し（種を取り除く）・・・・・・・2個
- みょうが（小口切り）・・・・・・・・1本
- 生姜（すりおろし）・・・・・・・お好みで
- 青葱（小口切り）・・・・・・・・・・1本
- 大葉（細切り）・・・・・・・・・・・2枚

【作り方】

1. ボウルにざる、濡らしたキッチンペーパーを置き茹で汁をこす。
2. 小鍋に1・分量外の水（1/2カップ）・淡口醤油を入れ火にかけひと煮たちさせる。
3. 大きめのお茶碗にご飯、茹で鶏、Aを盛り付ける。
4. 仕上げにスープをかける。

recipe #053 | しっとり茹で鶏で鶏とひじきの豆腐粥

手早く完成するのに栄養満点！娘も大好きなひと品です。

【材料】乳児1人分

- しっとり茹で鶏（みじん切り）・・・・・・40g
- 戻したひじき・おくら・にんじん（みじん切り）・・・各10g
- 豆腐・・・・・・・・・・・・・・・40g
- 炊いたご飯・・・・・・・・・・・・50g
- 茹で汁・・・・・・・・・・・・・大さじ2
- 水・・・・・・・・・・・・・・1/2カップ

【作り方】

1. 小鍋にすべての材料を入れ中火にかける。沸騰したらフタをして弱火で約5分煮る。

recipe #054 ｜ 作り置きメニュー かぼちゃペースト
〜旬の野菜はペーストにして活用〜

濃厚な野菜ペーストにして冷凍する事でパスタ・リゾット・ソース・スープなどに活用できます。

【材料】

かぼちゃ（皮をむき 5mm 幅切り）・・・・400g
玉ねぎ（薄切り）・・・・・・・・・・1/2 個
水・・・・・・・・・・・・・・1・1/2 カップ
塩・・・・・・・・・・・・・・・ふたつまみ

【作り方】

1. 鍋に材料をすべて加えてフタをし強火にかけ沸騰したら弱火で約10分蒸し煮にする。
2. かぼちゃに串がすっと通ればブレンダーでペーストにする。

※濃厚なペーストを作る際は水分量が少ないためハンドブレンダーがおすすめです。

少量ずつ冷凍すると便利です

recipe #055
かぼちゃペーストで かぼちゃのクリームパスタ

牛乳と生クリームのコクに白味噌の甘味が加わり旨味に奥行きが出ます。

【材料】2人分

ブロックベーコン（5mm幅の棒状に切る）	60g
にんにく（皮をむき芯を取り除きみじん切り）	1片
かぼちゃ（5mm幅のいちょう切り）	60g
パスタ	150g
生クリーム	1/2カップ
牛乳	1/2カップ
かぼちゃペースト	150g
野菜の愛情（コンソメスープの素）	小さじ1/2
白味噌	小さじ1
塩・こしょう	少々
粉チーズ	適量
オリーブオイル	大さじ1

【作り方】

1. パスタは表記時間より1分短く茹で始める。
2. フライパンにオリーブオイル、ベーコン、にんにく、かぼちゃを入れ弱火にかける。
3. にんにくの良い香りがしてきたらパスタの茹で汁大さじ2（分量外）を加えフタをして弱火で約2分蒸し煮にする。
4. 次に生クリーム、牛乳、かぼちゃペースト、野菜の愛情（市販のコンソメの素）を加えて混ぜながら弱火で約1分煮る。
5. 仕上げに茹でたパスタ、白味噌を加えてソースにとろみがつくまでさらに煮詰め、塩こしょうで味を調え粉チーズをかける。

※パスタは段取り良く作ることがポイント。はじめに材料を切り計量してから始めてください。

recipe #056
かぼちゃペーストで 白身魚とかぼちゃの離乳食パスタ

かぼちゃの味で白身魚が食べやすくなります。

【材料】乳児1人分

かぼちゃペースト	大さじ2（約30g）
白身魚（粗みじん切り）	30g
ほうれん草・きのこ類（みじん切り）	各10g
パスタ（1cm長さに折る）	20g
出汁	1/4カップ

【作り方】

1. 鍋に湯を沸かしパスタを入れ表記通り茹でる。
2. 小鍋にすべての材料を入れ中火にかける。沸騰したら混ぜながら弱火で約3分煮る。

recipe #057 | 海老と根菜のグラタン

海老と根菜の旨みたっぷりのホワイトソースが決め手です。

【材料】2〜3人分

- 蓮根　・・・・・・・・・・・・・・・約100g
- にんじん・・・・・・・約100g（約1/2本）
- 小芋　・・・・・・・約100g（約2個分）
- ブロッコリー・・・・・・・・・・・・・50g
- 海老・・・・・・・・・・・・・・・中12尾
- 牛乳・・・・・・・・・・・・・・・1カップ
- ミックスチーズ・・・・・・・・・・・80g

A
- 水・・・・・・・・・・・・・・・・2カップ
- 白ワイン・・・・・・・・・・・・1/4カップ
- 野菜の愛情（コンソメスープの素）・・・・小さじ2
- 塩・・・・・・・・・・・・・・・ふたつまみ

ブールマニエ
- バター・・・・・・・・・・・・・・・25g
- 薄力粉・・・・・・・・・・・・・・大さじ2

ブールマニエの作り方
常温に戻しておいたバターと小麦粉を粉っぽさがなくなるまで混ぜます。
コクやとろみをプラスする時に最適です。
また2cm大に丸めて冷凍しておくと便利です。

【作り方】

1. 皮をむいた蓮根、にんじんは1cm、小芋は1.5cm幅のいちょう切りにする。ブロッコリーは小房にわける。海老は爪楊枝で殻付きのまま背ワタを取り除く。

2. 鍋にA、蓮根、にんじん、小芋を入れフタをし強火にかけ沸騰したら弱火〜中火で約15分煮る。

3. 次にブロッコリー、海老を加えてフタをし火にかけ再沸騰したら中火で約4分煮る。
※海老を殻ごと茹でるのがポイントです！

4. ざるにあげ具材と茹で汁にわける。

5. グラタン皿に蓮根、にんじん、小芋、ブロッコリー、殻をむいた海老を盛り付ける。

6. 茹で汁は鍋に戻し、牛乳を加えて沸騰直前まで温める。次にブールマニエを加え、木べらで混ぜながらとろみがつくまで中火で約5分煮詰める。分量外の塩こしょうで味を調える。

7. 具材の上に6をかけミックスチーズをのせる。オーブントースターで表面がこんがりきつね色になるまで焼く。

recipe #058
自家製ドレッシング マヨネーズ

自家製マヨネーズ

りんご酢で作る事で酸味がマイルドでお子様にもおすすめです。

【材料】

卵黄・・・・・・・・・・・・・・・1個
りんご酢（またはお好みの酢）・・・・・・大さじ1
塩・・・・・・・・・・・・・・・小さじ1/2
お好みの油・・・・・・・・・・1/2カップ
マスタード・・・・・・・・・・・お好みで
きび砂糖（お好みの砂糖）・・・・・・・少々

【作り方】

1. ボウルに卵黄、りんご酢、塩を入れ泡立て器でしっかりと混ぜ合わせる。
2. 1に油を少しずつ加えながらさらに泡だて器でしっかりと混ぜ合わせる。
3. 全ての油を加えて全体が白っぽくなりとろみがついたら完成です。
4. お好みでマスタード、きび砂糖を加える。

和風柑橘ドレッシング

レモン、すだち、柚子など・・・
旬の柑橘類でお楽しみいただけます。

【材料】

柑橘類（絞り汁）・・・・・・・・・大さじ2
ポン酢・・・・・・・・・・・1/4カップ
醤油・・・・・・・・・・・・小さじ1・1/2
みりん・・・・・・・・・・・・・小さじ1
きび砂糖（お好みの砂糖）・・・・・ひとつまみ
お好みの油・・・・・・・・・・・大さじ2

【作り方】

1. ボウルにお好みの油以外の材料を入れる。
2. お好みの油を3回に分けて加えながら混ぜ合わせる。

具沢山中華ドレッシング

【材料】

手作りザクザク香味油・・・1/2倍量（約70g）
ポン酢・・・・・・・・・・・1/4カップ

【作り方】

1. ボウルに香味油・ポン酢を入れ混ぜる。

手作りザクザク香味油

【材料】

A ┌ さきいか（みじん切り）・・・・・・・10g
  │ 桜海老（みじん切り）・・・・・・・・10g
  │ にんにく（すりおろし）・・・・・小さじ1
  └ 胡麻油・・・・・・・・・・・・・130cc

B ┌ すり胡麻・・・・・・・・・・・大さじ1
  │ かつお節・・・・・・・・・・・・・2g
  │ 市販のフライドオニオン・・・・・・10g
  │ 野菜の愛情（和風出汁の素）・・・小さじ1/2
  └ 塩・・・・・・・・・・・・・ふたつまみ

【作り方】

1. フライパン(小)にAを入れ中火にかける。油が沸々してきたら木べらで混ぜながら極弱火で約4分火にかける。
2. 次にBを加えてひと混ぜする。
3. そのまま粗熱がとれるまでおく。

すぐに食さない場合で油の酸化が気になる方はフッ素加工のフライパンで胡麻油以外のAを乾煎りし保存瓶に入れ最後に胡麻油とBを加える。
（1～2日おくと美味しくなります）

recipe #059 手作りつくねの野菜たっぷりあったか鍋

いつもの定番鍋を今日はエスニック、次は洋風と調味料やつけダレでひと工夫して。

【材料】4人分

具材
- 海老（背わたを取り除く）・・・・・・・12尾
- つくね・・・・・・・・・16個（P84参照）
- あさり（塩水につけ砂出しする）・・・400g
- 白菜（一口大に切る）・・・・・・・・・1/4株
- 白ねぎ（1cm幅の斜め切り）・・・・・・・1本
- 椎茸（石づきを切り落とす）・・・・・1パック
- 水菜（4cm長さに切る）・・・・・・・・1袋
- 鍋用豆腐（お好みの大きさに切る）・・・・1丁

出汁
- 水・・・・・・・・・・・・4カップ〜
- 酒・・・・・・・・・・・・1カップ
- 野菜の愛情（鶏がらスープの素）・・・小さじ2

【作り方】

1. 土鍋に出汁・あさり・白菜の芯・豆腐を入れフタをし強火にかけ沸騰したら弱火で約5分煮る。
2. 海老・つくね・白ねぎ・椎茸を加えて灰汁を時々取り除きながらさらに5分煮る。
3. 仕上げに火通りの良い水菜・白菜の葉を加えてひと煮たちさせる。
4. エスニックつけダレにつけていただきます。
それぞれ食べるラー油やお好みの薬味を加えて味の変化をお楽しみください。

手作りつくね

はんぺんを加えることで冷めても美味しく。焼いてお弁当メニューにもおすすめです！

【材料】16個分

むき海老・・・・・・・・・・・・・・150g
鶏ひき肉・・・・・・・・・・・・・・200g
はんぺん・・・・・・・・・・・・・1枚
青ねぎ（小口切り）・・・・・・・・・2本
れんこん（皮をむきみじん切り）・・・・約50g

【作り方】

1. むき海老は背わたを取り除く。次に分量外の塩、片栗粉少々をふってもみ水洗いし、水気をふき粗みじん切りにする。
2. ボウルにはんぺんを手でちぎりながら入れて手で揉みながら細かくする。
3. 次にその他の材料を加えしっかりと混ぜ合わせ3cm大に丸める。

※はんぺんはメーカーごとに重量が異なるため、1枚90〜140gのものをご使用ください。

肉味噌・エスニックつけダレ・食べるラー油

それぞれ取り分けてお好みで調味できるので、大人から子どもまで一緒に楽しめます。

肉味噌
【材料】

あいびき肉・・・・・・・・・・・・・100g
胡麻油・・・・・・・・・・・・・小さじ1/2
A
┌無塩ピーナッツ（みじん切り）・・・・・10g
│胡桃（みじん切り）・・・・・・・・・10g
│白ねぎ（みじん切り）・・・・・・・1/2本
│しょうが（みじん切り）・・・・・・・・5g
└ザーサイ（みじん切り）・・・・・・・25g

B
┌合わせ味噌・・・・・・・・・・大さじ1/2
│甜麺醤・・・・・・・・・・・・・小さじ1
│きび砂糖（お好みの砂糖）・・・・大さじ1/2
└醤油・・・・・・・・・・・・・小さじ1/4

水溶き片栗粉
　片栗粉・・・・・・・・・・・・小さじ1/2
　水・・・・・・・・・・・・・・・大さじ2

【作り方】

1. フライパンに胡麻油をひきあいびき肉を炒める。肉の色が変わればペーパーで余分な油をふきさらにAを加えて中火で約5分炒める。
2. 次にBを加え中火で約2分炒める。
3. 仕上げに水溶き片栗粉を加えて手早く混ぜる。

※肉味噌は、鍋の時は豆腐やご飯にトッピングしてお楽しみください。また作り置きして卵料理・麺類などいろいろなメニューに活用できます。

エスニックつけダレ
【材料】

ナンプラー・・・・・・・・・・・・大さじ3
きび砂糖（お好みの砂糖）・・・・・大さじ1
酢・・・・・・・・・・・・・・・大さじ2
レモン汁・・・・・・・・・・・・大さじ2
オイスターソース・・・・・・・・・小さじ1
すり胡麻・・・・・・・・・・・・大さじ1

【作り方】

1. ボウルにすべての調味料を入れ混ぜ合わせる。

食べるラー油

ザクザク香味油（P82参照）にお好みで一味を加えます。

Special issue

〜妊娠・出産・育児と食べること〜

お母さんの食べたものが
赤ちゃんに直接影響を与える
妊娠・子育て中の食事はとても大切です。

生まれてくる子どものために。
妊娠中からの
食事のバランスに気を配って。

　胎児は母親の子宮で十月十日、ゆっくりと育ちます。その期間は、ママの健康状態がダイレクトに赤ちゃんに伝わるため、一心同体。妊娠中は今まで以上に食材選びや自分の体と胎児の成長を大切に考えて過ごしました。
　例えば旬の野菜やその他の食材もしっかりと目利きし、自分が納得できるものを選ぶようにしました。また知人の勧めで、胎児の成長に必要な栄養素がたっぷり含まれたスーパーフード・国産クロレラなども取り入れたりしました。とはいえ、「〜〜が体に良いから」と言って偏った食材ばかりを食べるのではなく、バランス良く色々な種類の食材を食べることが必要です。

愛情のこもった
料理を食べていれば
子どもたちは必ず
それを記憶しています。

　私の場合は、バランスの良い食事が幸いしてか、妊娠中のつわりやトラブルもほとんどなく、胎児も順調に成長。そして無事、出産が終わり、産後の育児は母乳で行いました。産後は体調を崩さないように自分自身の食生活にもさらに気を配り、質の良い母乳をあげられるように心がけました。6ヶ月が過ぎて離乳食が始まってからは、私が育った時と同じように、娘の食事にも野菜をたくさん取り入れています。幼いころに母親が作った愛情たっぷりのお料理を食べていたら、成長して様々な食生活を体験しても、必ずまた昔懐かしい家庭の味に戻ってくると思います。そのためには、基本となる家庭での食の環境をきちんと整えてあげたい…。それが母親としての一番の役目ではないでしょうか。

加藤 友理

Produced by 加藤 友理
スーパーフードクロレラのヘルシーレシピ

妊娠中の胎児に必要な栄養素から、
大人の普段の生活に不足しがちな食物繊維、ミネラルなどを
豊富に含むスーパーフード「クロレラ」。
いったいどうやって食べたらいいの？ 苦くないの？
といった疑問を持つ方も多いかもしれませんね。
クロレラのきれいな緑色や、"コク" 旨み "といった特徴を生かして、
年代を超えて毎日の食生活に取り入れたい
クロレラを使ったレシピをご紹介します。

recipe #060　クロレラミックスジュース
季節ごとに旬の果物を加えて楽しめます。

【材料】2～3杯分

バナナ・・・・・・・・・・・・・・・1本
お好みの果物・・・・・・・・・・・100g
セロリ（筋を取り除く）・・・・約10cmの長さ
ほうれん草・・・・・・・・・・・・50g
無調整豆乳・・・・・・・・・・1・1/2カップ
クロレラ粉末・・・・・・・・・・小さじ1

【作り方】
ミキサーにすべての食材を入れて回す。

recipe #061 | クロレラドレッシング

クロレラを加えることでドレッシングにコクと深みが出ます。

【材料】
- 白ワインビネガー・・・・・・・・・大さじ2
- マスタード・・・・・・・・・・・小さじ1
- はちみつ・・・・・・・・・・・小さじ1/2
- クロレラ粉末・・・・・・・・・・小さじ1
- 塩・・・・・・・・・・・・・・小さじ2/3
- こしょう・・・・・・・・・・・・・少々
- お好みの油・・・・・・・・・・1/2カップ

【作り方】
1. ボウルに油以外の材料を入れる。
2. 油を少しずつ加えながら泡立て器でよく混ぜる。

recipe #062 | クロレラおからケーキ

おからを加えることでしっとりした食感に仕上がります。

【材料】

- 卵・・・・・・・・・・・・・・2個
- きび砂糖・・・・・・・・・・・40g
- 薄力粉・・・・・・・・・・・・60g
- アルミフリーベーキングパウダー・・・・小さじ1
- A
  - 表記通りに水で戻した乾燥おから・・・・100g
  - プレーンヨーグルト・・・・・・・・・・40g
  - クロレラ粉末(分量外の水小さじ1に溶かす)・・小さじ1

※乾燥おからがない場合は、きめの細かい生おから100gをご使用ください。

【作り方】

1. ボウルに卵・きび砂糖を入れハンドミキサーでふんわり白っぽくなるまで泡立てる。
2. 1にAを3回に分けて加えながらさらにハンドミキサーに約1分かける。
3. 2に薄力粉・ベーキングパウダーをふるいにかけながら加えゴムベラでふんわりと切り混ぜる。
4. 牛乳パック型にクッキングシートをしき3を流し入れる。
5. 180℃に予熱したオーブンで約25分焼く。(串をさして何もつかなければOK!)
6. お好みでホイップクリームをのせクロレラをふる。

※牛乳パック型は、長方形の部分を1面切り取り注ぎ口だった部分を折りたたんでホッチキスでとめて作ります。

こんな活動も
しています！

Farm to Our Table

これからの未来を担う子どもたちに、
食を通してたくさんの
経験と思い出作りを

田中愛子先生の提唱する、
この大切なフィロソフィーを受け継いで広めるため、
様々な場所で食育活動も行っています。
その中で食を通じて人と人との
大切なつながりが生まれています。
それが今の私の支え、日々の活力につながっています。

姉ママ加藤友理がお届けする出産・子育て情報サイト　Ane・mama　http://anemama.com/

ママと、これからママになる人に知っていてほしい
スーパーフード「クロレラ」の秘密

近年、「スーパーフード」として注目を集めるクロレラ。
古代から地球に育まれたその緑の小さな生命には、
私たち現代人、とりわけママとこれからママになる人に
ぜひ知っておいてほしい、
ミラクルなパワーが秘められています。

01

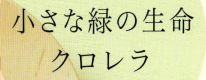

小さな緑の生命 クロレラ

20億年前から存在する 3〜8マイクロメートルの緑の藻

クロレラってアセロラですか？それとも乳酸菌？といった疑問を時々耳にしますが、クロレラは地球におよそ20億年前から生存している緑の藻です。その直径は 3〜8マイクロメートルと非常に小さく、1890年にオランダの科学者によって発見されました。クロレラの細胞の 1/3 は葉緑体でできているため、太陽の光でどんどん光合成をして細胞分裂し、増えていきます。クロレラは地球上のすべての植物の原点とも言われており、クロロフィル（葉緑素）の他、たくさんの栄養素を含んでいます。

βカロテン、葉酸、ビタミンB1などビタミン、ミネラルの宝庫！

クロレラがスーパーフードと言われる理由は、その栄養分の豊かさにあります。わずか6gのクロレラの中には、βカロテン＝トマト5個分、葉酸＝モロヘイヤ1.8束分、ビタミンB1＝アスパラ7.7本分、鉄分＝ほうれん草1.6束分、マグネシウム＝ピーマン5個分という、驚くべき量のビタミン、ミネラルが含まれています。野菜が摂りにくい現代人にとっては、まさに救世主とも言える存在です。

約70種のお魚はクロレラ育ち 農業にも欠かせない存在

現在、国内では魚の養殖にもクロレラは欠かせない存在となっています。クロレラを動物プランクトンに与え、それを稚魚が食べることによって、生育が良く、病気になりにくいと言われています。また、農家の野菜作りの現場でもクロレラを肥料として与えることで、健康で栄養豊かな野菜が育つことが知られています。

クロレラの中の優等生 九州・福岡の筑後産クロレラ

お米にもたくさんの品種があるように、クロレラにも多くの種類が存在します。その中でも安全性の高い国産クロレラとして知られるのが筑後産の品種です。九州・福岡の筑後地方で生産されるこの品種は、細胞壁が他のクロレラに比べて薄く、健康に働きかける多くの作用があると言われています。

クロレラには成長に必要な栄養素がバランスよく含まれている

クロレラには抗酸化色素カロテノイドが豊富。ほかにも、健康な体作りに必要なたんぱく質、必須ミネラル、食物繊維、葉緑素などを含み、便秘改善効果や、ダイオキシンなどの有害物質の排出効果が確認されている。

総カロテノイド（100g中）
100〜500mg

たんぱく質	62g
脂質	11g
食物繊維	8〜16g
カルシウム	80〜170mg
マグネシウム	230〜450mg
ビタミンB2	5mg
ビタミンB6	1〜3mg
ビタミンB12	300〜600μg
ビタミンC	8〜100mg
ビタミンE	4〜30mg
葉酸	1000〜3000μg
葉緑素	1.5〜4g

ママと、これからママになる人に知っていてほしい
スーパーフード「クロレラ」の秘密

02

クロレラのデトックス力

化学物質を避けては暮らせない現代

空気中からのダイオキシン、食品添加物など、現代の社会は、いたるところに化学物質が溢れています。私たちの選択によって、ある程度有害な環境や食品を避けることはできますが、知らず知らずのうちに摂取してしまっていることも多くあります。ダイオキシンの場合、体内に摂取されたものは脂質に取り込まれやすく、体重60kg・体脂肪率20%の人で100ng以上の蓄積があると言われています。食事や環境から取り入れた有害物質は、葉緑素や食物繊維を含む食品で積極的に体外に排出すること＝デトックスが必要です。

九州・福岡の筑後産クロレラがダイオキシン排出を促進

血液中のダイオキシン類総毒性等量（相対値）
※試験開始時の血中ダイオキシン量は異なる。
試験開始時を1とした場合の減少量比較

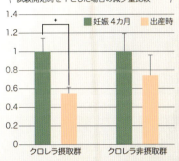

安定期（4ヶ月）に入った妊婦10人を2群に分け、一方だけに出産まで毎日3回、食後に2gずつ粒状のクロレラ（筑後産）を摂取してもらった。クロレラをとった群ととらなかった群の試験前と後（出産後）の、母体の血液中ダイオキシン濃度を調べたところ、クロレラを摂取した群は血中濃度が有意に低下し、ほぼ半減していることが分かった。

（データ：Organohalogen Compounds74:771-774,2012）

メタボ改善に向けてさらなる研究を推進

最近の研究では、クロレラの持つデトックス作用や栄養素バランス、さらには抗酸化作用によって、メタボリックシンドロームにも良い影響を与えるのではないかと言われています。血圧、血糖値、脂質などの数値の改善が報告されている例もあり、さらなる研究が進められています。

体内に溜まった有害物質を吸着し、浄化するパワー

クロレラに含まれる葉緑素や食物繊維は、人の腸内でそれらの有害物質を吸着し、排出する優れたパワーを持っています。人の体が持っている清浄作用の中で一番、効果的なものが排便によるデトックスで、その作用に大きく働きかけると言われているのがクロレラです。体の自然なデトックスが滞れば、有害物質は体内に蓄積し、それが様々な不調や病気の原因となります。「食べたら出す」「取り入れてしまったら排出する」ことは、健康の基本です。

ママと、これからママになる人に知っていてほしい
スーパーフード「クロレラ」の秘密

03

妊娠中も、母乳育児も クロレラがサポート

クロレラには妊娠中に必要な栄養素「葉酸」がたっぷり

葉酸は細胞の生成や再生、代謝や体の発育に欠かせない大切な栄養素です。ビタミンB群の一種で、妊娠経験のある方なら「妊婦に必須の栄養素」としてご存知の方も多いはず。母体はもちろん、細胞分裂を活発に繰り返す胎児にとって不可欠な栄養素です。ところが、日本人の葉酸摂取量は国際水準と比べるとわずか1/3にしか満たないのだとか。葉酸はレバーや緑黄色野菜に多く含まれていますが、日頃から野菜よりも効率的に葉酸が摂取できるクロレラなどでそれを補っておくことが理想的です。

妊娠中にもデトックスと栄養補給を

妊娠中の栄養補給はもちろん、デトックスにもクロレラが活躍します。妊娠中は胎盤を通して胎児に栄養素が送られていきますが、その際に母体が摂取した有害物も一緒に吸収される可能性があります。そのため、妊娠中も「食べたら出す」の自然なスタイルでのデトックスが大切です。
さらに、クロレラに多く含まれるカロテノイドは、母体内で生じる毒性の高い活性酸素を除去する抗酸化力が強いことが知られています。赤ちゃんの体を守り、生育を促すためにも、お母さんが積極的に食品を通じてカロテノイドを摂取することが望ましいと言えますね。

「葉酸」は認知症や脳梗塞子宮頸がんの予防にも効果が

また一方で、この葉酸は近年、認知症、脳梗塞、心臓疾患、さらには子宮頸がんやうつのリスクを軽減する可能性があることが分かり、注目を浴びています。つまり、体とメンタルの両方のバランスを保つためには、ぜひ摂取したい栄養素と言えます。

日本人妊婦の妊娠初期の葉酸摂取量は推奨量の半分、世界水準の3分の1

なぜ葉酸が必要かというと……
- DNAの合成に不可欠
- 妊娠初期の不足は胎児の先天性異常のリスクを高める
- 子宮頸がんとの関連が示唆されている
- うつ、心筋梗塞、脳卒中、認知症予防にも期待

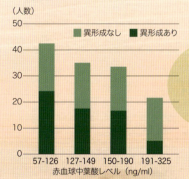

赤血球中葉酸量が少ない人ほど子宮頸がんリスクが高い

1987～89年にかけて、米国イリノイ州公衆衛生局が、子宮頸部異形成（将来子宮頸がんになる可能性のある病変）がある女性102人と健康な女性102人の栄養状況を調査し、比較した。その結果、赤血球中葉酸濃度が低いほど、子宮頸部異形成の人が多いことが分かった。
（データ：Cancer Epidemiol Biomarkers Prev 1:119-124, 1992）

赤ちゃんの成長に必要なカロテノイド

出産後の授乳期においても、カロテノイドは大切な役割を果たします。赤ちゃんの細胞が成長する際には、呼吸によって酸素が大量に消費され、体内に活性酸素がたくさん作られます。ところが、新生児はこの活性酸素を消去する働きが未熟なため、新生児の栄養源となる母乳でお母さんから抗酸化物質を届けてあげることが重要なのです。

授乳中も日々、クロレラなどでカロテノイドを積極的に摂取し、お母さんの血中カロテノイドが高くなるほど、赤ちゃんへの影響は高くなると言われています。

ママと、これからママになる人に知っていてほしい
スーパーフード「クロレラ」の秘密

04

離乳食・子どもの成長にもクロレラ・パワー

赤ちゃんとの心の絆を作る幸福な時間を満喫して

母乳育児は、赤ちゃんの免疫力を高め、脳の発達にも良い影響を与えるベストな食事であるということは知られていますが、母体にとっても産後の体調を整えるホルモンが分泌され、授乳によって体重増加も改善されると、まさにいいことづくし。それにも増して大切なのは、お母さんが母親になる喜びを実感し、赤ちゃんとの絆を深める幸福な時間を共にできるこということではないでしょうか。

お母さんの栄養補給とデトックスの意味も兼ねて

また、赤ちゃんにとって生命線である良い母乳を出すためには、お母さんがしっかりと栄養バランスのとれた食事をすること、さらには体内に入ってくる有害な物質をすみやかにデトックスすることも心がけたいことの一つです。そうした意味からも、母乳育児にとってクロレラは欠かせないパートナーと言えるでしょう。

Philosophy for our future.

畑から食卓へ。「しあわせの生活革命」

アメリカ・カリフォルニア州の料理家であり、
食育のスペシャリストでもあるアリス・ウォータースさんの影響を受け、
2009年に 大阪樟蔭女子大学教授の田中愛子が「食育ハーブガーデン協会」を設立。
野菜作りが難しい日本の都心部において、
彼女が掲げる「食卓の上のフィロソフィー」を理念に、
ハーブを「植える」「育てる」「収穫する」「料理する」「感謝してみんなでいただく」の
5つのステップを基本とし、
自然の恵みの素晴らしさを実体験するプログラムをボランティアで提供しています。
その活動は関西を中心に150の施設、学校、カフェなどに広がり、
大阪樟蔭女子大学、樟蔭高校、アサンプション国際小学校では
授業のカリキュラムにも採用されています。
小さな、そしてゆっくりとした歩みではありますが、
「食卓の上のフィロソフィー」の影響によって、地域の人々、学校、
そして子どもたちや学生たちが共に歩む
幸せなコミュニティーづくりが進んでいます。

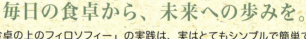

毎日の食卓から、未来への歩みを。

「食卓の上のフィロソフィー」の実践は、実はとてもシンプルで簡単です。
私たちが1日3回いただく食事が、その実戦のチャンスとなるからです。
大切なのは、毎日の食事のたびに少しずつ心にとめて、
たとえば「心を込めてお料理する」という
1つのことだけでも生活の中に溶け込ませていくことです。
そうするうちにいつの間にか「しあわせの生活革命」の奇跡が、
皆さんのお家の食卓から起きていきます。
食卓から始める未来への一歩を、
次世代の子供たちや地球のために今から始めてみませんか。

お家での食べ残しは年間1000万トン。

この数字を知って驚く方も多いことでしょう。
日本は年間5500万トンの食糧を輸入しながら、
1800万トンを食べ残しとして廃棄しています。
しかも、そのうちの1000万トンは家庭からの廃棄によるものなのです。
土の恵みである野菜や穀物、動物の肉、魚、ミルク…
地球からもらった命をいただくことに対する感謝の気持ちを
私たち大人がもう一度、心に刻むとともに
子どもたちにもしっかりと伝えていきたいものです。

8億人の子どもがお腹をすかせています。

食糧不足や経済的な問題で十分な栄養がとれずに病気になったり、
体の成長が遅れたりなど、
世界の途上国では子どもたちに色々な問題が起こっています。
大人も含めた飢えに苦しむ人口8億人のおよそ70%が幼い子どもたちなのです。
地球の未来を担う子どもたちの生命が今、危機にさらされています。

遺伝子組み換え大豆がなぜ問題なのか。

その理由をきちんと理解し、説明できる方は少ないのではないでしょうか。
それには、遺伝子組み換え大豆がなぜ生まれたか?を知る必要があります。
広大な大豆畑には、雑草を取り除くために強力な除草剤が大量に散布されます。
その除草剤を撒いても枯れない大豆を作るために、
遺伝子を操作して人工的に作り出されたのが「遺伝子組み換え大豆」なのです。
大豆自身の安全性もさることながら、
そこに大量に散布される雑草をも枯らす農薬が
人体に及ぼす影響にも着目する必要があるでしょう。

野菜はスーパーに生えている?!

幼い子どもたちはそう思っているかもしれません。
毎日の料理に使う野菜たちは、どこからやってきて、
どんな人の手で育てられているのか?
私たちが日々の食事の中で生きた植物である
野菜の命をいただいているのだということを
子どもたちが体感し、理解することはとても大切なことです。
食卓の上のフィロソフィーの中にも
「ハーブや野菜を育て、土の恵みに感謝しましょう」
とあるのは、子どもたちが畑や小さな家庭菜園のプランターで土に触れ、
植物の成長を通して「命の大切さを知る」機会となるからです。

未来へ紡ぐ「食」と「暮らし」を学び
フードビジネス界で活躍するスペシャリストへ。

田中愛子が歩み続けてきた「家庭料理」の道。
季節の風が吹くキッチンガーデンとそこでの暮らし。
四季折々、旬の野菜をきちんと使う日本料理、
季節のハーブをたっぷり使った世界各国の料理を学ぶ「食」と「暮らし」の
料理学校「リスタクリナリースクール」。
時を刻んだアンティーク家具や、世界でコレクションした食器などその暮らし方、
生き方があなたを素敵な料理の世界へと導くことでしょう。
初心者の方からプロを目指す方まで、
フードスタディを中心とした多彩なプログラムでお待ちしています。

Specialist Course ──────────── スペシャリスト専科

フードスタディ＆クリナリーディプロマコース

子育てしながら、働きながらでも学べる新しいコース。毎週土曜日に開催される授業を約8ヶ月間受講することで、ディプロマを取得できます。カリキュラムは家庭料理の調理学、栄養学、食の歴史、食のフィロソフィーを講義スタイルで学ぶ「フードスタディ」と、実際に料理を作る「料理実習〜基礎〜応用」を同時受講するスタイルで組み立てられています。世界で活躍する田中愛子が長年研鑽を積み、体得した感性と技術を、少人数制、ハンドオンタイプで丁寧に指導いたします。修了後は「グリーンフードエデュケーター」（食育指導者）の資格も取得でき、地域での食育活動も可能。料理教室、カフェなど様々な食のビジネスにおける開業率も70％を誇ります。

カフェスタディコース

カフェビジネスの経営基礎、メニュー開発からコーヒー、紅茶などの知識、実践的なフード、スイーツ、ドリンクの調理まで、カフェ経営に必要な知識と技術をトータルに学べるコースです。"いつかはカフェ・オーナーに…"そんな夢と憧れを、実際にカフェビジネスの現場で活躍するプロの指導のもと、一歩ずつ形にしていきましょう。

ケータリングプランナー養成コース

ニューヨークでケータリングビジネスは成長し、磨かれ、今ではケータリングをしないレストランはないという程のマーケットです。田中愛子のニューヨークでのレストラン経験が原動力となって生まれたクラスで、まだまだ成長する期待の「食ビジネス」です。1回の講座は「フードスタディ（講義）」と「料理実習」で構成されています。

グリーンフードエデュケーター（食育指導者）

ハーブを「植える」「育てる」「収穫する」「料理する」「感謝してみんなでいただく」の、5つのステップを基本に実施する、新しい食育のカタチを学ぶコース。1回の講座が「フードスタディ（講義）」と「料理実習」で構成された、学びと実習のリスタスタイル。食育の現場で使うハーブの料理も実習します。協会の活動に賛同されている学校・施設などで、食育活動を実施することができます。

●一般マンスリーコースもあります。

詳しくはリスタクリナリースクールのホームページをご覧ください。　　lista.kitchen-conversation.jp

田中愛子
大阪樟蔭女子大学教授
フードアクティビスト
食育ハーブガーデン協会理事長
日本料理国際化協会理事長

大阪生まれ。大阪樟蔭女子大学英米文学科卒。在学中にお見合い結婚、一男一女に恵まれる。家事のかたわら、料理家・吉岡昭子氏に師事、家庭料理の基礎を学ぶ。1987年に夫・裕氏がニューヨーク五番街で高級和食店「神話」をオープン。以後、イタリア、オーストリア、香港、韓国など事業の展開と共に、世界中の多くのパーティーコーディネートに携わり研鑽を積む。海外生活で見聞を広げた成果を2001年「グッドギャザリング・フロム・ニューヨーク」（文化出版局刊）にまとめる。以後 料理家としてテレビ、雑誌、取材などに活躍の場を広げる。その一方で、"次世代の子供たちや地球のために今できること"をテーマに、「食卓の上のフィロソフィー」の理念を掲げ、食育活動にも力を注ぐ。現在、その活動の和は国内約150の学校や施設に広がっている。さらに、日本料理国際化協会を立ち上げ、日本料理を世界へ広げる活動にも積極的に参画。マレーシアでは「ハラール和食」を提案、香港の雑誌などに日本料理を紹介するコラムなども担当している。国内における「フードスタディ」の第一人者であり、日本で初めて大阪樟蔭女子大学、高校に「フードスタディコース」を創設。ピッツバーグ大学、トロント大学、マレーシア大学などで開催される学会などで日本料理の国際化について発表を行う。

著書
「食卓の上のフィロソフィー」旭屋出版　／　「おいしい たのしい グッドギャザリング フロム ニューヨーク」文化出版社刊　／「和食のギャザリング」旭屋出版／「I miss you！もう一度会いたい」　など多数

大阪校
〒563-0032 大阪府池田市石橋 3-10-18
tel 072-760-2040
fax 072-760-2004
mail　lista@kitchen-conversation.jp

和歌山校
〒640-8535 和歌山県和歌山市鷹匠町 4-2-18
tel / fax　073-496-4092
mail　tabito_miwako@yahoo.co.jp

ソウル校
ソウル特別市麻浦区西橋洞 470-2-303
国内問い合わせ先：tel 072-760-2040
fax 072-760-2004
mail　lista@kitchen-conversation.jp

Produce　田中 愛子
Food & Coordinate　三井 知里
　　　　　　　　　眞行 紗弥香
　　　　　　　　　柳田 涼子
　　　　　　　　　沼田 晃那
　　　　　　　　　中島 涼子
　　　　　　　　　加藤 友理
Photograph　増田 えみ

　　　　　　宮本進写真事務所 (P.99〜100)
　　　　　　前田 博史 (P.91〜98)
　　　　　　塩崎 總 (P.2、102)
　　　　　　瀧本 峰子 (P.75、87〜90)
　　　　　　佐藤 豊浩 (P.74,77〜80,83、84,90)
　　　　　　井 ひろみ (P.90)
　　　　　　岩崎 洋子 (P.68)
Art direction & design　田中 稔之
Illustration　有田真一
Editorial & text　中山 阿津子
　　　　　　　　　笹間 聖子

協力：大阪樟蔭女子大学
　　　樟蔭高等学校
　　　クロレラ工業株式会社

食卓の上のフィロソフィー
ママたちの日々レシピ
Mom's Everyday Recipe

発行日：2017 年 12 月 18 日　初版発行

編者：田中 愛子（たなか あいこ）
発行者：早嶋 茂
制作者：永瀬 正人
発行所：株式会社 旭屋出版
〒107-0052
東京都港区赤坂 1-7-19 キャピタル赤坂ビル 8F
TEL　03-3560-9065（販売）
TEL　03-3560-9066（編集）
FAX　03-3560-9071（販売）
http://www.asahiya-jp.com
印刷・製本：株式会社シナノ

郵便振替 00150-1-19572
ISBN978-4-7511-1314-1 C2077

定価はカバーに表示してあります。
落丁本、乱丁本はお取り替えします。
無断で本書の内容を転載したりWEBで記載することを禁じます。

©Aiko Tanaka & Asahiya-shuppan 2017 Printed in Japan